Katrin Freudenberger
Gisela Heim
Monika Reiter-Zinnau
Alice Rögele
Birgit Schulz

Keilrahmen-Collagen in Acryl

Mit Papier, Textilien, 3D-Materialien und mehr

INHALTSVERZEICHNIS

- 3 VORWORT
- 4 ALLGEMEINE ANLEITUNG
- 8 PAPIER-COLLAGEN
  - 8 Blumenvase
  - 10 Notenschlüssel
  - 12 Frauensilhouetten
  - 14 In Vino Veritas
  - 16 Papierschiffchen
  - 18 Sonntagsfrühstück
  - 20 Blütenpracht
  - 22 Möwen
- 24 TEXTIL-COLLAGEN
  - 24 Mops mit Schleife
  - 26 Blaue Korallen
  - 28 Herz in Pastell
  - 30 Afrikanerinnen
  - 32 Love
  - 34 Bücherregal
  - 36 Patchwork in Blau
  - 38 Stubentiger
- 40 3D-COLLAGEN
  - 40 Fisch
  - 42 Abstrakt in Rot
  - 44 Natur
  - 46 Herzen
  - 48 Blaue Welle
  - 50 Gedeckter Tisch
  - 52 Perlen
  - 54 Ornamentik
- 56 MATERIALMIX
  - 56 Meeresbrise
  - 58 Blätterwald
  - 60 Italien
  - 62 Weiße Baumlandschaft
  - 64 Schwarz - Weiß - Rot
  - 66 Welcome
- 68 VORLAGEN
- 80 Schattenfugenrahmen bauen
- 80 IMPRESSUM

Keilrahmen-Collagen in Acryl

Tapetenreste, Stofffetzen, Keksschachteln, Dosenetiketten und sogar Spaghetti bekommen durch ihre Verwendung in einer Collage eine ganz neue Faszination. In Verbindung mit der kraftvollen Acrylfarbe entstehen eindrucksvolle Bilder, die Ihr Zuhause bereichern und verschönern. Sie werden staunen, wie einfach und reizvoll die Herstellung von Acryl-Collagen ist. Und sicherlich entstehen beim kreativen Umgang mit den verschiedenen Materialien auch viele eigene Ideen.

Wir wünschen Ihnen viel Freude und Spaß bei der Umsetzung!

Schwierigkeitsgrad

◌   einfaches Motiv
◌◌   etwas schwierigeres Motiv
◌◌◌   anspruchsvolles Motiv

Tipps

Sie finden in diesem Buch zahlreiche Tipps und Tricks für noch mehr Spaß beim Malen. Orientieren Sie sich bitte an den folgenden Symbolen:

Künstler-Tipp

Oft sind es nur ein paar kleine Handgriffe, die das Arbeiten leichter machen. Diese Kniffe verraten Ihnen die Künstler-Tipps.

Variations-Tipp

Das Modell sieht auch in anderen Farben oder mit anderen Materialien toll aus? Die Variations-Tipps bieten Vorschläge für kleine Änderungen mit großer Wirkung.

Anwendungs-Tipp

Sie suchen Anregungen für ein Geschenk oder Hinweise, wie man die Bilder am besten kombiniert oder aufhängt? Die Anwendungs-Tipps helfen Ihnen dabei.

Einkaufs-Tipp

Wo bekomme ich was? Die Einkaufs-Tipps verraten, wo Sie die benötigten Materialien einkaufen können.

Spar-Tipp

Damit Ihnen genügend Geld für andere schöne Dinge bleibt, bieten die Spar-Tipps günstige und zugleich fantasievolle Gestaltungsideen.

GRUNDAUSSTATTUNG

Folgende Materialien und Hilfsmittel werden für fast alle Bilder in diesem Buch benötigt und sind in den jeweiligen Materiallisten meist nicht mehr gesondert aufgeführt:

- Bespannte Keilrahmen in den angegebenen Größen (falls nicht anders angegeben, werden in diesem Buch Keilrahmen mit einer Tiefe von ca. 2 cm verwendet)
- Acrylfarben in den angegebenen Farbtönen
- verschiedene Pinsel
- Transparent- und Kopierpapier
- harter und weicher Bleistift
- Knetradiergummi
- Lineal
- Schere
- Wasserbehälter
- Mischpalette oder Teller
- Mallappen
- Hammer
- Klebefilm
- Bastelkleber

Materialkunde

Keilrahmen

Keilrahmen sind mit Leinen- oder Baumwollgewebe bezogene, meist aus Kiefernholz bestehende Vierkanthölzer, die in der Regel weiß grundiert sind. Durch die Grundierung wird die Gewebeoberfläche geschlossen und der anschließende Farbauftrag erleichtert. Manchmal kann es aber auch überaus reizvoll sein, unbehandelte, naturfarbene Leinwand zu verwenden.

Keilrahmen gibt es in verschiedenen Formaten fertig bespannt und grundiert zu kaufen. Natürlich kann man die Keilrahmen in jeder beliebigen Größe auch selbst bespannen. Die mitgelieferten Keile sind dazu bestimmt, die Leinwand zu straffen: Klopft man sie in die dafür vorgesehenen Schlitze in den Ecken des Rahmens, spannt sich das Gewebe. Bei leichter Nachgiebigkeit des Stoffes hilft es auch, die Leinwand von hinten mit etwas Wasser anzufeuchten, zum Beispiel mit Hilfe eines Wasserzerstäubers.

Hinweis: Bei allen Bildern in diesem Buch werden die seitlichen Keilrahmenkanten in die farbliche Gestaltung mit einbezogen. Dies wird bei den einzelnen Anleitungen nicht noch mal extra erwähnt.

Acrylfarben

Acrylfarbe ist eine reich pigmentierte, bis zum Auftrocknen wasserlösliche Farbe. Sie kommt vollständig ohne Lösungsmittel aus und riecht daher kaum. Die Farbe trocknet, je nach Dicke des Farbauftrags, relativ schnell auf.

Acrylfarbe ist in verschiedenen Gebinden (z. B. 50 ml, 250 ml, 500 ml), in unterschiedlichen Qualitäten (Künstler-, Studien- oder Hobbyfarbe) und in vielen Farbtönen im Handel erhältlich. Meist reichen jedoch die Grundfarben Magenta (Primärrot), Cyan (Primärblau), Primärgelb sowie Schwarz und Weiß aus, da sich mit ihnen alle anderen Farben mischen lassen. Alternativ kann auch mit den reinen Farbpigmenten gearbeitet werden, die mit einem Leimbinder angerührt werden. Diese sind zwar extrem farbintensiv, aber je nach Farbton auch relativ kostspielig.

Hinweis: Die Farbtöne, die in den Materiallisten angegeben sind, dienen nur als Anhaltspunkt, da jeder Hersteller Farben mit ähnlichen Bezeichnungen angibt, die sich aber in den Nuancen unterscheiden. Am besten orientieren Sie sich an den Fotos und mischen sich die Töne so, dass sie Ihnen gefallen.

Wenn Sie beim Trocknen der Farbe mit dem Föhn nachhelfen, achten Sie darauf, dass durch die große Hitze keine Risse in der Farbschicht entstehen.

ALLGEMEINE ANLEITUNG

Pinsel

Pinsel gibt es in vielen verschiedenen Ausführungen. Grundsätzlich werden große Pinsel für einen großzügigen, großflächigen Farbauftrag und kleine Pinsel für detailgenaues Malen verwendet. Die Pinsel aus Schweineborsten sind besonders widerstandsfähig und erlauben ein gutes Einarbeiten der Farbe in die Leinwand. Allerdings nutzen sie sich relativ schnell ab, man kann sie dann mit der Schere wieder etwas in Form bringen. Die feineren Aquarellpinsel aus Kunsthaar werden für einen eher flüssigen und weichen Farbauftrag eingesetzt. Ganz feine Aquarellpinsel, zum Beispiel aus Rotmarderhaar, eignen sich zum Malen von feinsten Linien und kleinen Details.

So lassen sich breite Flachpinsel besonders gut für das Grundieren großer Flächen verwenden. Mit den Katzenzungenpinseln kann man genauere Kanten und Flächenbegrenzungen nachziehen sowie schöne Strukturen von Wiese, Himmel oder Wasser malen. Auch für ganz ebenmäßige Flächen sind diese Pinsel gut geeignet (hier ist auf einen flotten Farbauftrag zu achten). Flache Borstenpinsel lassen sich gut für einen gröberen Duktus verwenden, runde Borstenpinsel eignen sich zum Tupfen und für einen fließenden Farbauftrag und mit Haar- oder Aquarellpinseln kann man feine Linien und Details malen.

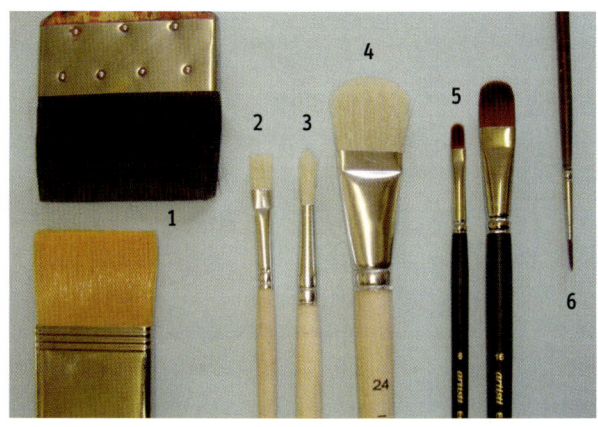

1 Flachpinsel mit Kunsthaar (Flachhaarpinsel)
2 Flachpinsel mit Borsten (Borstenflachpinsel)
3 Rundpinsel mit Borsten (Borstenrundpinsel)
4 Katzenzungenpinsel mit Borsten
5 Katzenzungenpinsel mit Kunsthaar
6 Aquarellpinsel mit Rotmarderhaar

Strukturpasten

Mit Strukturpasten lassen sich zum einen reliefartige Oberflächen auf die Leinwand spachteln, zum anderen eignen sie sich auch wunderbar als Kleber, um Collagematerial auf dem Bild zu fixieren. Strukturpasten sind in verschiedenen Ausführungen im Handel erhältlich. Sie können entweder mit Acrylfarben im feuchten Zustand eingefärbt oder nach dem Trocknen übermalt werden. Die Trocknungszeit beträgt je nach Dicke des Auftrags etwa zwei bis 12 Stunden. Die Arbeitsgeräte sollten gleich nach dem Gebrauch mit Wasser gereinigt werden.

Collage-Materialien

Es gibt nahezu keine Materialien, die sich nicht für eine Collage verwenden lassen: Ob Weinflaschen- und Dosenetiketten, Kieselsteine, Wellpappe, Naturpapiere, Tapetenreste, Federn, Styroporkügelchen, Schneckenhäuser, Zweige, Stoffreste, Spitzen, Borten, Bordüren, Wolle, Kaffeebohnen oder Spaghetti – der Fantasie sind keine Grenzen gesetzt.

So wird's gemacht

Vorlagen übertragen

Für das Übertragen der Motive von der Vorlage auf die Leinwand kann Transparent- oder Kopierpapier verwendet werden.

Übertragen mit Transparentpapier

Das Transparentpapier auf die Vorlage legen, mit Klebefilm fixieren und das Motiv mit einem Bleistift nachzeichnen. Nun das Papier wenden und die Konturen auf der Rückseite des Transparentpapiers mit einem weichen Bleistift, besser aber noch mit farblich zum Bild passender Pastellkreide oder einer Graukreide nachfahren. Das Transparentpapier mit der zuletzt bearbeiteten Seite nach unten auf die entsprechende Stelle des Keilrahmens legen und die Motivlinien von der anderen Seite wieder mit dem Bleistift nachziehen, sodass sich der Bleistiftgrafit oder die Kreide auf die Leinwand überträgt.

Künstler-Tipp

Wenn Sie für das Übertragen der Motivlinien farblich passende Pastell- oder Graukreide anstatt eines Bleistifts verwenden, lösen sich die Vorlagenlinien beim Übermalen mit Acrylfarbe auf. Zu viel Kreide kann mit einem Knetradiergummi abgenommen werden. Bleistiftlinien dagegen können gerade bei einem hellen Farbauftrag leicht durchscheinen.

Übertragen mit Kopierpapier

Das Kopierpapier mit der beschichteten Seite nach unten auf die Leinwand legen, die Vorlage darüber platzieren und alles mit Klebefilm fixieren. Nun die Motivlinien mit einem Bleistift nachziehen, sodass sich die Beschichtung des Kopierpapiers auf den Keilrahmen überträgt. Falsche Linien eventuell wegradieren.

Künstler-Tipp

Im Handel gibt es dunkles Kopierpapier (Kohlepapier) und helles Kopierpapier, das vor allem in der Seidenmalerei verwendet wird. Helles Kopierpapier ist zu empfehlen, wenn Sie mit hellen und lasierenden Farben arbeiten wollen, da die Kohlebeschichtung beim Aufbringen der Acrylfarbe angelöst wird und so einen schmutzigen Schimmer hinterlassen kann.

Motive vergrößern und verkleinern

Ein gleichmäßiges Raster auf die Vorlage zeichnen und dann das gleiche Raster, nur entsprechend größer oder kleiner auf den Malgrund übertragen. Jetzt kann das Motiv anhand dieser Orientierungslinien leicht übertragen werden. Natürlich geht das Vergrößern und Verkleinern auch mit dem Fotokopierer. Dabei muss das Motiv je nach Größe eventuell aus mehreren Ausdrucken zusammengesetzt werden.

Künstler-Tipp

Das Übertragen des Motivs mit der Rastermethode schult das Auge und das Gefühl für Proportionen.

Umgang mit Acrylfarben

Acrylfarbe ist vielfältig verwendbar: Sie kann pastos verarbeitet werden wie eine Ölfarbe (dicker Farbauftrag) oder wässrig wie eine Aquarellfarbe, sie kann mit dem Schwamm gewischt und mit dem Pinsel getupft, gespritzt oder gekratzt werden. Acrylfarbe lässt sich auch wunderbar als Mischtechnik kombinieren, zum Beispiel mit Öl- oder Pastellkreiden, Kohle, Grafit oder Fasermalern. Durch das Auftragen neuer Schichten auf die vorher getrockneten Farbaufträge erhält man schöne Farbnuancen. Als Untergrund eignen sich die verschiedensten Materialien wie klassische Leinwand, Papier, Holz, Glas, Acryl, Stein, Sackleinen, Metall und vieles mehr.

1. Pastoser Farbauftrag mit dem Malmesser
2. Wischen mit dem Schwamm
3. Struktur geben mit Borstenflachpinseln
4. Dünne Linien mit feinen Haar- bzw. Aquarellpinseln
5. Ruhige Farbfläche mit Katzenzungenpinseln mit Kunsthaar
6. Tupfen mit Borstenrundpinselnn

Collage-Materialien fixieren

Für das Anbringen der verschiedenen Materialien auf dem Keilrahmen gibt es mehrere Möglichkeiten. Für leichte Dinge wie Papier, Pappe oder Tapete eignet sich ein normaler Bastelkleber oder Holzleim. Schwerere Materialien wie beispielsweise kleine Steine werden besser mit Heißkleber oder Sekundenkleber fixiert. In beiden Fällen sollte darauf geachtet werden, dass die Klebstoffe farblos auftrocknen. Auch Spachtelmasse kann verwendet werden, indem das Collage-Material in die feuchte Masse eingedrückt und anschließend durch das Trocknen fest eingebettet wird. Da der Keilrahmen mit Stoff bespannt ist, können manche Materialien wie Stoffe, Borte oder Perlen auch aufgenäht oder mit Draht befestigt werden.

Künstler-Tipp

Je mehr verschiedene Arten des Farbauftrags Sie in einem Bild verwenden, desto lebendiger und abwechslungsreicher wirkt das Bild.

1. Linienform in Pastellkreide, teilweise verwischt
2. Mit dem Pinselrücken geritzte Struktur
3. Mit einem Filzstift gemaltes Muster
4. Mit einem Flachhaarpinsel gespritzt
5. Linie in Ölpastellkreide
6. Linie in Kohle
7. Pastoser Farbauftrag mit einem Katzenzungenpinsel
8. Lasierender Farbauftrag mit einem Borstenflachpinsel

PAPIER-COLLAGEN

Ob in Stücke gerissen, gekrasht oder zerschnitten – mit Papier lassen sich äußerst reizvolle Collagen gestalten. Wir zeigen Ihnen, wie durch die Verwendung von Papier und Pappe wundervolle Bilder entstehen.

PAPIER-COLLAGEN

Blumenvase
→ dekorative Blütenpracht

1 Zunächst am linken Rand der Leinwand mit dem Lineal einen 10 cm breiten Rand einzeichnen. Anschließend die Leinwand von oben beginnend mit dem breiteren Borstenpinsel in Indischgelb, Orange und Karminrot grundieren, die Übergänge weich ineinander verstreichen. Trocknen lassen.

2 Nun die Papierstücke wie aus der Skizze ersichtlich mit den kleineren Pinseln anmalen und mit dem Heißkleber am linken Leinwandrand befestigen. Die Blütenblätter von der Vorlage auf das rote Lederpapier übertragen und ausschneiden. Die Blütenmitten aus dem gelben Moonrock-Papier ausschneiden und leicht mit Elfenbein bestreichen. Die Vase von der Vorlage auf die Wellpappe übertragen, ausschneiden und in Elfenbein anmalen, nach dem Trocknen mit etwas Orange und einer Mischung aus Orange und Indischgelb betonen. Alles mit Heißkleber auf der Leinwand anbringen.

MOTIVHÖHE
60 cm

MATERIAL
- Keilrahmen, 40 cm x 60 cm
- Acrylfarbe in Elfenbein, Indischgelb, Orange, Karminrot und Schwarz
- Borstenflachpinsel Nr. 20, 24 und 60
- Retuschierpinsel Nr. 0
- Wellpappe in Gelb, 10 cm x 8,5 cm, 10 cm x 15 cm und 8 cm x 32 cm
- Moonrock-Papier in Gelb, 10 cm x 8,5 cm, 10 cm x 5 cm und 9 cm x 1,5 cm
- Naturpapier mit Blättereinschlüssen, 10 cm x 9 cm
- Lederpapier in Rot, 10 cm x 4 cm und 15 cm x 25 cm
- Maulbeerpapier in Weiß, 10 cm x 10 cm
- Heißkleber

VORLAGENBOGEN A

a Naturpapier mit Blättereinschlüssen
   - Grundierung in Orange
   - Schattierung in Schwarz

b Wellpappe in Gelb
   - Grundierung in Elfenbein
   - Schattierung in Indischgelb und Orange

c Moonrock-Papier in Gelb
   - Grundierung in Karminrot
   - Schattierung in Schwarz

d Maulbeerpapier in Weiß
   - Grundierung in Orange
   - Tupfen in Indischgelb

e Wellpappe in Gelb
   - Grundierung in Orange und Karminrot (nass in nass)
   - Schattierung in Schwarz

f Lederpapier in Rot
   - Schattierung in Schwarz

g Moonrock-Papier in Gelb
   - Grundierung in Elfenbein
   - Schattierung in einer Mischung aus Indischgelb und Orange

a	9 cm
b	8,5 cm
c	5 cm
d	10 cm
e	15 cm
f	4 cm
g	8,5 cm

3 Schließlich die Ränder und Ecken der Leinwand mit einem fast trockenen Pinsel in Karminrot und Schwarz schattieren.

MOTIVHÖHE
63 cm

MATERIAL
- Keilrahmen, 30 cm x 60 cm
- Universalmalfarbe in Senf
- Acrylfarbe in Schwarz
- Klarsichtklebefolie, 22 cm x 45 cm
- 10 Kopien von Notenblättern, A4
- Malschwamm
- doppelseitiges Klebeband, 1 cm breit, 4,50 m lang
- Cutter mit Schneideunterlage
- Bindfaden

ZUSÄTZLICH FÜR DEN SCHATTENFUGENRAHMEN:
- Holzwinkelleisten, 2,5 cm x 2,5 cm, ca. 1,90 m lang

VORLAGE SEITE 78

Notenschlüssel
→ für Musikbegeisterte

1 Den Notenschlüssel seitenverkehrt von der Vorlage auf das Schutzpapier der Klebefolie übertragen und ausschneiden.

2 Das Schutzpapier abziehen (für später aufheben!) und den Notenschlüssel möglichst mittig auf dem Keilrahmen platzieren. Um das spätere Entfernen der Folie zu erleichtern, zwei bis drei Bindfadenstückchen zwischen Keilrahmenfläche und Klebefolie einschieben und ein Ende des Bindfadens mit einem Klebefilmstückchen auf der Oberseite des Notenschlüssels befestigen.

3 Den Keilrahmen vollständig mit einem Malschwamm in Schwarz einfärben. Um eine tiefschwarze Färbung zu erzielen, diesen Vorgang nach dem Trocknen der Farbe nochmals wiederholen. Wenn die Farbe getrocknet ist, kann die Klebefolie mit Hilfe der Bindfäden wieder abgelöst werden.

4 Die Kopien der Notenblätter auf der Vorder- und Rückseite mit dem Malschwamm und der senffarbenen Universalmalfarbe einfärben. Die verwendete Farbe sollte unbedingt lasierend sein, damit die Noten möglichst dunkel durchscheinen (die Farbe eventuell mit Wasser verdünnen). Die Notenblätter zum Trocknen am besten mit Wäscheklammern an eine Wäscheleine hängen.

5 Das bereits ausgeschnittene Schutzpapier mit Klebestreifen seitenrichtig auf zwei bis drei sich überlappenden Notenblättern befestigen. Die Notenschlüsselteile ausschneiden und mit dem Bastelkleber auf die weiße Fläche des Keilrahmens kleben.

6 Die beklebte Fläche mit doppelseitigem Klebeband versehen, wobei ein möglichst großer Teil der Fläche mit dem Klebeband bedeckt sein sollte. Die übrigen Notenblätter in Stücke zerreißen, diese zerknittern und so auf die Fläche andrücken, dass diese vollständig abgedeckt ist und die Papierschnipsel teilweise bis in die schwarze Farbfläche hineinreichen. Grundsätzlich gilt: Je breiter der Notenschlüssel ist, desto höher sollte das Relief sein. Dafür auf die bereits aufgeklebten Schnipsel erneut Klebeband und Papierstücke kleben.

7 Den Schattenfugenrahmen wie in der Anleitung auf Seite 80 fertigen. Im inneren Winkel und auf der Rückseite mit doppelseitigem Klebeband versehen und mit sich überlappenden Notenpapierschnipseln bekleben.

8 Den Keilrahmen in den Schattenfugenrahmen einkleben.

PAPIER-COLLAGEN

Frauensilhouetten
→ raffiniertes Ensemble

MOTIVHÖHE
70 cm

MATERIAL
- Keilrahmen, 50 cm x 70 cm
- Acrylfarbe in Oxydrot
- Borstenflachpinsel Nr. 6
- Struktur-Tapetenreste in Bordeauxrot, Orange, Apricot, Safrangelb, Hellbeige, Hellgrün und Weiß

VORLAGENBOGEN A

1 Zunächst das Motiv von der Vorlage auf die Leinwand übertragen. Danach die Tapetenreste in Stücke reißen (vgl. Abbildung) und die Figuren wie aus der Abbildung ersichtlich damit bekleben. Dabei sollten innerhalb einer Farbfläche mehrere Tapetenstücke in unterschiedlichen Richtungen aufgeklebt werden.

2 Die Konturen der Figuren, die Gesichter und die Haarstrukturen in Oxydrot nachmalen.

Künstler-Tipp
Wenn Sie die gemalten Konturen mal dicker und mal dünner malen, wirkt das Bild wesentlich lebendiger.

Variations-Tipp
Tapetenreste in Rottönen verleihen dem Bild eine expressivere Ausstrahlung.

Spar-Tipp
In vielen Baumärkten kann man sich Mustertapetenstücke geben lassen.

PAPIER-COLLAGEN

In Vino Veritas

→ für Genießer

MOTIVHÖHE
60 cm

MATERIAL
- Keilrahmen, 30 cm x 60 cm
- Acrylfarbe in Weiß, Farn, Olivgrün, Kadmiumrot tief und Schwarz
- Borstenflachpinsel Nr. 14, 24 und 60
- Aquarellstift in Schwarz
- 7 Weinetiketten
- Collagenkleber
- Decoupage-Lack
- 2–3 Stücke Küchenpapier
- Spülmittel

VORLAGENBOGEN A

1 Die Weinflaschen 30 bis 45 Minuten in mit wenig Spülmittel vesehenem Wasser einweichen. Die Etiketten vorsichtig abziehen, auf das Küchenpapier legen und vorsichtig mit einem weiteren Küchenpapier abtupfen. Mit der Klebeseite nach oben trocknen lassen.

2 Die Leinwand in Farn und Weiß nass in nass grundieren. Nach dem Trocknen den Schriftzug und die Flaschenformen von der Vorlage auf die Leinwand übertragen. Die Rückseite der Weinetiketten mit dem Collagenkleber bestreichen und an der gewünschten Stelle anbringen. Nach dem Trocknen mit dem Decoupage-Lack versiegeln. Erneut trocknen lassen.

3 Für die Schrift Kadmiumrot mit wenig Schwarz mischen und den Schriftzug nachmalen. Die Farbe auch für die Schattierungen der Flaschen verwenden. Dafür nur sehr wenig Farbe aufnehmen, den Pinsel so lange auf einem Stück Papier abstreifen, bis fast keine Farbspuren mehr sichtbar sind, und erst dann die Schattierungen auftragen. Die Fläche links von den Flaschen, die Fläche ober- und unterhalb der Schrift sowie den rechten Rand in Olivgrün schattieren.

4 Die Lichtreflexe auf den Flaschen mit einer hellen Mischung aus Farn und Weiß andeuten und den Hintergrund unten und am rechten Bildrand etwas aufhellen.

5 Schließlich die Umrisse auf den Flaschen und stellenweise die Schrift mit dem Aquarellstift nachzeichnen, mit wenig Wasser anlösen.

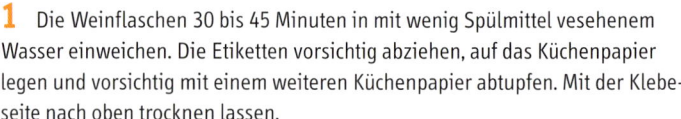

Zusammen mit einer guten Flasche Wein ist dieses Bild ein nettes Geschenk für Weinliebhaber.

PAPIER-COLLAGEN

Papierschiffchen
→ schlicht, aber wirkungsvoll

MOTIVHÖHE
42 cm

MATERIAL
- Malpappe, 30 cm x 40 cm
- Goldrahmen mit dem Ausschnitt 30 cm x 40 cm
- Acrylfarbe in Elfenbein und Kobaltblau dunkel
- Faserseide in Weiß, A4
- Elefantenhautpapier, 2 x A4
- Metallicfolie in Gold, 20 cm x 30 cm
- Naturschwamm
- Folienkleber
- Krakelier-Lack

VORLAGE SEITE 69

1 Die Malpappe zunächst in Blau mit dem Schwamm grundieren. Danach den Krakelier-Lack nach Herstellerangaben auf die getrocknete Farbfläche auftragen, trocknen lassen und die gesamte Fläche dünn in Elfenbein übermalen.

2 Das Elefantenhautpapier für die Schiffe in rechteckige Stücke schneiden und die Schiffe wie auf dem oberen Schrittfoto zu sehen falten.

Maße der Papierstücke:
12 cm x 21 cm
10,5 cm x 15 cm
9 cm x 14 cm (2 Stücke)
7 cm x 12 cm
5 cm x 7,5 cm
4 cm x 6 cm

3 Den Folienkleber mit dem Naturschwamm auf der Vorderseite der Schiffe auftragen, trocknen lassen. Die Metallicfolie nach Herstellerangaben auf die Schiffe aufreiben.

4 Die Boote auf der nicht vergoldeten Rückseite mit einem weiteren Stück doppelseitigen Klebeband versehen und wie aus der Abbildung ersichtlich auf die Malpappe kleben.

5 Mit einem Bleistift die Konturen der Segel von der Vorlage auf die Faserseide übertragen, alle Segel ausschneiden und der Länge nach von Ecke zu Ecke falten. Die längere Segelhälfte jeweils an der äußeren Unterkante mit einem Stückchen doppelseitigem Klebeband versehen, das zweite Schutzpapier abziehen und alle Segel passend zu den unterschiedlichen Schiffsgrößen im inneren, hinteren Bootsrand einkleben. Darauf achten, dass die Segel aller Boote parallel zueinander stehen.

Künstler-Tipp

Auf Flohmärkten lassen sich Goldrahmen mit nur kleinen Macken häufig günstig erstehen. Sie können diese mit goldener Reliefpaste ausbessern und ihnen den passenden Glanz verleihen, indem Sie stellenweise Folienkleber mit dem Schwamm auftragen und anschließend die Goldfolie aufreiben.

PAPIER-COLLAGEN

Sonntagsfrühstück
→ für die Küchenwand

MOTIVHÖHE
ca. 96 cm

MATERIAL
- 3 Keilrahmen, je 30 cm x 30 cm
- Acrylfarbe in Weiß, Elfenbein, Indischgelb, Orange, Cölinblau, Kobaltblau und Schwarz
- Borstenflachpinsel Nr. 24, 26, 30 und 40
- Pappe (z. B. Verpackungsmaterial), 26 cm x 33 cm
- 2 Bogen Lederpapier in Blau/Türkis und Orange, je 42 cm x 60 cm
- wasserfester Filzstift in Schwarz
- geglühter Draht, ø 0,65 mm, 15 cm lang
- Heißkleber
- Föhn

VORLAGE SEITE 74 + 75

1 Die Keilrahmen nass in nass in Indischgelb, Elfenbein und etwas Orange grundieren. Die Übergänge weich ineinander verstreichen, solange die Farben noch nass sind.

2 Die Vorlagen für den Toaster, die Eierbecher und das Kaffeegeschirr von der Vorlage auf die Pappe übertragen und ausschneiden. Mit einer Mischung aus Elfenbein und Weiß grundieren.

3 Aus dem orangefarbenen Lederpapier etwas 2,5 cm bis 3 cm breite Streifen schneiden. Das türkisfarbene Papier ebenfalls in Streifen schneiden – jedoch nicht ganz durchschneiden, sondern auf einer Seite einen etwa 1 cm breiten Rand stehen lassen. Ein Papiergeflecht herstellen (vgl. Schrittfoto). Um ein Verrutschen der Streifen zu verhindern, das Geflecht seitlich mit wenig Heißkleber fixieren. Anschließend entsprechend der Vorlage zuschneiden, die Ränder erneut ankleben und dann mit dem Heißkleber auf der Leinwand befestigen.

4 Nun die Ränder mit einem fast trockenen Pinsel (wenig Farbe aufnehmen und auf Papier abstreifen) in Orange, Kobaltblau und Schwarz schattieren. Auch die Accessoires in Orange und Schwarz schattieren. Die Schrift von der Vorlage auf den Keilrahmen übertragen und mit einer Mischung aus Cölin- und Kobaltblau ausmalen. Die Konturen nach dem Trocknen stellenweise mit dem Filzstift nachziehen, diese aber teilweise nochmals mit Cölinblau übermalen.

5 Weiß und Kobaltblau jeweils mit Wasser verdünnen und die Bilder mit der Farbe besprenkeln – hierzu mit dem Zeigefinger über die mit Farbe getränkten Borsten streifen. Um ein Vermischen der Farben zu verhindern, zwischendurch immer wieder trocken föhnen. Den Toaster mit Blümchen in Orange verzieren, den Draht in Form biegen und ankleben.

6 Schließlich die Accessoires mit Heißkleber auf der Leinwand befestigen.

Variations-Tipp

Passen Sie die Farben Ihrer Küche an. Statt Batikpapier können Sie auch griffige Natur- oder Geschenkpapiere verwenden.

PAPIER-COLLAGEN

Blütenpracht
→ frühlingshaft in Pastelltönen

MOTIVHÖHE
50 cm

MATERIAL
- Keilrahmen, 40 cm x 50 cm
- Acrylfarbe in Zinnoberrot, Phtalogrün, Havannabraun und Weiß
- Borstenflachpinsel Nr. 6 und 16
- Blütenabbildungen, z. B. aus Zeitschriften, Fotos, Prospekten, Kalendern oder Postkarten

1 Die Leinwand zunächst flächig mit den ausgerissenen Blüten und Blättern bekleben. Eine lasierende Schicht in Weiß darüber legen – mal mehr und mal weniger deckend. Trocknen lassen.

2 Einzelne Blüten farblich hervorheben: Die Margheriten in Weiß, Chromgelb und Phtalogrün nachmalen. Die Sonnenblumen in Chromgelb tauchen, die Blütenmitten in Havannabraun tupfen. Die Mohnblumenblüten in Zinnoberrot malen. Für die Schatten etwas Havannabraun mit Zinnoberrot mischen, die Staubpollen in Havannabraun färben. Die Fruchtstängel in Phtalogrün und die Lichter darauf in Weiß auftragen. Die Tulpenblüten nass in nass im Farbverlauf von Havannabraun über Zinnoberrot bis Chromgelb nachmalen. Den Stängel in Phtalogrün färben und zur Blüte hin dunkler werden lassen.

Künstler-Tipp

Mit einem Malmesser lässt sich der Kleber sehr gut flächig und auch sparsam verteilen.

Variations-Tipp

Auf diese Art können Sie auch Collagen mit Früchten, Gemüsesorten oder auch mit Fotos von Familie oder Freunden gestalten.

PAPIER-COLLAGEN

Möwen

→ ein Hauch Asien

MOTIVHÖHE
ca. 85 cm

MATERIAL
- Keilrahmen, 40 cm x 50 cm und 40 cm x 30 cm
- Malpappe, 30 cm x 40 cm und 30 cm x 20 cm
- Acrylfarbe in Schwarz
- dicker Borstenpinsel (für Tapetenkleister)
- Rundhaarpinsel Nr. 4 oder 6
- Zeitungspapier in Schwarzweiß und Rot
- doppelseitige Klebefolie, 30 cm x 40 cm
- Malschwamm
- wasserfester Filzstift in Schwarz
- Tapetenkleister für leichte Tapeten
- Cutter und Schneideunterlage oder Pinzettenschere

VORLAGE SEITE 70

1 Den Tapetenkleister nach Herstellerangaben in möglichst kleiner Menge anrühren. Beide Keilrahmen rundum satt einkleistern und vollständig mit Zeitungsschnipseln bekleben, wobei sich diese auch überlappen dürfen. Bei der Auswahl der Zeitungsschnipsel vorwiegend Textteile ohne Farbe und mit kleiner Schrift verwenden. Auf die geklebte Schicht mit einem Pinsel erneut Tapetenkleister auftragen, eventuell Schnipsel ergänzen und das Ganze zu einer glatten Fläche verreiben. Trocknen lassen.

2 Nun die Malpappen mit dem Malschwamm und der schwarzen Acrylfarbe grundieren. Ein zweiter Farbauftrag auf die bereits getrocknete Fläche intensiviert den Farbton und ermöglicht eine streifen- und fleckenfreie Farbfläche.

3 Kopien der beiden Möwen-Vorlagen ausschneiden und diese mit Klebefilmstreifen auf dem Schutzpapier der Klebefolie befestigen, das als letztes abgezogen wird. Jetzt die Klebefolie wenden und das andere, einfach zu lösende Schutzpapier abziehen. Bis zu 1 cm² kleine Zeitungsschnipsel mit möglichst wenigen Überlappungen auf die frei gewordene Klebefläche kleben. Auf eine ungefähr 7 cm x 14 cm große Klebebandfläche in einer Ecke, die später nicht Teil der Möwen-Silhouette ist, rotes Zeitungspapier in ähnlich kleinen Schnipseln kleben.

4 Die auf der anderen Seite aufgeklebten Möwen ausschneiden – entweder mit dem Schneidemesser auf geeigneter Schneideunterlage oder mit einer möglichst kleinen Schere (Pinzettenschere). Zwei 6,4 cm x 6,4 cm kleine Quadrate aus dem roten Schnipselstreifen ausschneiden. Vorsichtig das Schutzpapier der Möwen abziehen – der Vorgang erfordert Konzentration! – und die Silhouetten am vorgesehenen Ort auf die Malpappen kleben.

5 Die chinesischen Schriftzeichen von der Vorlage übertragen und ausschneiden. Die Schablonen jeweils auf eines der roten Quadrate legen und die Konturen mit einem Filzstift nachmalen. Die Schablone entfernen und die Schriftzeichen mit einem dünnen Pinsel schwarz ausmalen. Trocknen lassen. Das Schutzpapier abziehen und die Schriftzeichen auf den schwarzen Malpappen befestigen. Das Schriftzeichen neben der fliegenden Möwe bedeutet „Lebensenergie", das andere „Harmonie".

Künstler-Tipp

Am besten reiben Sie die Zeitungsschnipsel mit der flachen Hand blasenfrei auf die Leinwand auf. Tapetenkleister ist wasserlöslich und kann einfach mit warmem Wasser abgewaschen werden.

PAPIER-COLLAGEN

TEXTIL-COLLAGEN

Stoffreste, Spitze, Bordüren, Borte oder Kordel – sämtliche Textilien können in Collagen eingearbeitet werden. Aufgeklebt oder sogar aufgenäht verleihen Sie Ihren Bildern einen besonderen Charme.

TEXTIL-COLLAGEN

Mops mit Schleife
→ verspielt

1 Die Leinwand in einer Mischung aus Bordeaux und etwas Weiß grundieren. Karminrot auf den gerippten Stoff auftragen und diesen im oberen Teil senkrecht auf die gut getrocknete Leinwand andrücken. Stoff wieder abnehmen und Farbe trocknen lassen.

2 Das Motiv von der Vorlage auf die Leinwand übertragen, für den Mops jedoch zunächst nur die Konturen. Die Streifen in Gold aufmalen. Den Boden in Frotteestoff aufkleben, dabei das Kissen aussparen. Das Kissen in Karminrot pastos (dicker Farbauftrag) malen, die Lichter in einer Mischung aus Karminrot und Weiß auftragen.

3 Den Mops in Beige anlegen. Nach dem Trocknen das Gesicht und die Zeichnung des Mopses von der Vorlage übertragen. Die hellen Stellen in Weiß malen und die mittleren Töne in einer Mischung aus Havannabraun und Weiß variantenreich auftragen. Für die dunklen Stellen und die Augen Schwarz verwenden.

4 Das Goldband zwirbeln und für die Quasten das gezwirbelte Band einschlagen und mehrmals einschneiden. Gut aufkleben. Die Schleife binden und so aufkleben oder mit einer Stecknadel fixieren, dass sie sich etwas von der Leinwand abhebt.

Künstler-Tipp
Verwenden Sie keinen zu dünnen Stoff, da sich der Kleber sonst durchzeichnet.

MOTIVHÖHE
30 cm

MATERIAL
- Keilrahmen, 30 cm x 30 cm
- Acrylfarbe in Karminrot, Bordeaux, Havannabraun, Beige, Gold, Schwarz und Weiß
- Borstenflachpinsel Nr. 4 und 16
- gerippter Stoff (z. B. altes Unterhemd), 8 cm x 3 cm
- Frotteestoff in zartem Flieder, 35 cm x 15 cm
- blickdichtes Band in Gold
- durchsichtiges Band in Zartgrün

VORLAGE SEITE 76

MOTIVHÖHE
80 cm

MATERIAL
- Keilrahmen, 60 cm x 80 cm
- Acrylfarbe in Weiß, Türkis und Kobaltblau dunkel
- 2 Filzplatten in Türkis, je 3 mm tief, 30 cm x 45 cm
- Filzplatte in Kobaltblau, je 3 mm tief, 30 cm x 45 cm
- Perlen aus Wachsperlengemisch in Perlmutt und Türkis, ca. 33 Stück, ø 3 mm bis 7 mm
- Filzstift in Schwarz
- Naturschwamm
- Pinzette
- Cutter und Schneideunterlage

VORLAGEN SEITE 72 + 73

Blaue Korallen
→ Ton in Ton

1 Den Keilrahmen zunächst vom Rand her in Blau und in der Mitte in Türkis einfärben, trocknen lassen. Anschließend dieselben Farben nochmals mit dem Naturschwamm auftragen und danach weiße Acrylfarbe auf die noch nasse Fläche tupfen, sodass in der Bildmitte eine lebhafte Struktur entsteht, der Bildrand aber grundsätzlich blau bleibt.

2 Die Korallen von der Vorlage auf Papier übertragen und ausschneiden. Die Schablonen auf die Filzstücke legen, mit wenigen Klebefilmstückchen befestigen und die Konturen mit dem Filzstift nachziehen.

3 Die Korallen innerhalb der Filzstiftlinien mit dem Schneidemesser (frische Klinge!) auf einer geeigneten Schneideunterlage ausschneiden und wie aus der Abbildung ersichtlich auf der Leinwand anordnen.

4 Die Reststücke zur Verwendung an den Keilrahmenkanten zuschneiden, wobei diese zumindest eine gerade Kante und/oder einen rechten Winkel haben sollten. Die Stücke umdrehen, damit die Filzstiftlinien nicht mehr sichtbar sind und gegebenenfalls an schmalen Stellen durchtrennen. Die Filzteile können im Randbereich auch doppellagig verwendet werden.

5 Nun die Rückseite der Filzstücke mit doppelseitigem Klebeband versehen. Das Schutzpapier abziehen und die Filzteile wie vorgesehen befestigen.

6 Die Perlen auf dem liegenden Bild arrangieren. Wenn sie so unter die Filzteile geschoben werden, dass sie gerade noch sichtbar sind, wird der Reliefcharakter des Bildes noch verstärkt. Einen Tropfen Klebstoff auf einen Pappteller geben, die Perlen nacheinander mit einer Pinzette eintupfen und festkleben.

Künstler-Tipp

Am besten lösen Sie das zweite Schutzpapier vom auf den Filzteilen aufgeklebten Klebeband mit einer spitzen Nadel. Alternativ können Sie das Klebeband auch sofort von beiden Schutzpapieren befreien, allerdings muss es dann möglichst schnell aufgeklebt werden.

TEXTIL-COLLAGEN

Herz in Pastell
→ romantisch mit Spitze

MOTIVHÖHE
70 cm

MATERIAL
- Keilrahmen, 3 cm tief, 50 cm x 70 cm
- Acrylfarbe in Weiß, Kadmiumgelb, Karminrot, Olivgrün, Ocker und Dunkelblau
- Spitzenreste aus Baumwolle
- Leichtstrukturpaste
- Malmesser
- Holzleim (Flasche)
- Acrylklarlack (Spray)
- Mal- oder Haushaltsschwamm

VORLAGE SEITE 78

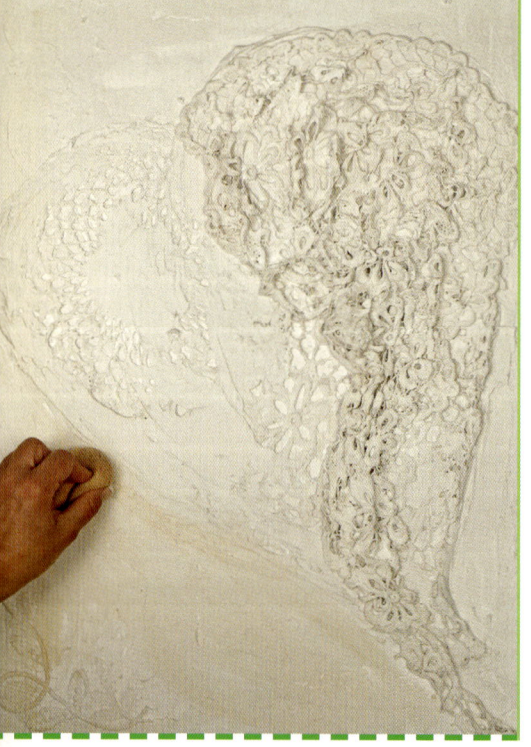

1 Zunächst die Strukturpaste auf dem gesamten Keilrahmen verteilen, wobei der Auftrag an den Seiten etwa 1 cm bis 1,5 cm stärker sein sollte. Anschließend mit dem Malmesser einen reliefartigen Rand modellieren. Die Vorlage auf den Rahmen übertragen und die Herzform in die noch feuchte Masse ritzen.

2 Das Herz mit den vorhandenen Textilien gestalten. Grundsätzlich gibt es zwei Arten, Textilmaterialien auf der Leinwand zu befestigen:

Spachteln: Die Spitzenreste werden in die noch feuchte Strukturpaste gedrückt und anschließend teilweise mit der Masse überspachtelt (siehe Ornament am linken unteren Bildrand).

Kleben: Die Spitzen werden in eine Mischung aus Wasser und Holzleim getaucht (Mischverhältnis 1:1) und direkt auf die entsprechende Fläche gelegt. Bei stärkerem Material kann mit unverdünntem Holzleim nachgearbeitet werden.

3 Den Hintergrund des Bildes mit einem feuchten Schwamm, viel Weiß und wenig Ocker grundieren. Dann die nachfolgenden Farbmischungen stark mit Wasser verdünnen:

Rosaton: viel Weiß, wenig Ocker, sehr wenig Karminrot
Grünton: viel Weiß, sehr wenig Ocker, wenig Olivgrün
Blauton: viel Weiß, wenig Ocker, wenig Dunkelblau
Gelbton: viel Weiß, wenig Kadmiumgelb

Das gesamte Herz nach Belieben grundieren und anschließend den Hintergrund und das Spitzenornament einbeziehen. Trocknen lassen.

4 Das fertige Bild mit Acrylklarlack schützen.

Variations-Tipp

Sie können auch alte Spitzendecken oder Gardinenreste verwenden. Als zusätzliche Verzierungen können Sie Perlmuttperlen oder Bordüren aufkleben.

TEXTIL-COLLAGEN

Afrikanerinnen
→ exotisch und farbenfroh

MOTIVHÖHE
50 cm

MATERIAL
- Keilrahmen, 40 cm x 50 cm
- Acrylfarbe in Karminrot, Kadmiumorange, Zinnoberrot, Zitrone, Bordeaux, Havannabraun, Schwarz und Weiß
- Borstenflachpinsel Nr. 6 und 19
- Stoffreste in Orange, Dunkelrot und Gelbgrün

VORLAGENBOGEN A

1 Den oberen Teil der Leinwand nass in nass als Farbverlauf von Karminrot über Kadmiumorange nach Weiß grundieren. Trocknen lassen. Nochmals mit Karminrot über den Himmel gehen. Hier sollten die Pinselstriche sichtbar bleiben. Den unteren Teil der Leinwand als Farbverlauf von Zitrone über Havannabraun-Orange nach Havannabraun malen.

2 Die Figurenkonturen von der Vorlage auf die Leinwand übertragen. Köpfe und Beine in Schwarz malen. An der linken Kontur der Gesichter und der Beine Lichter in Kadmiumorange auftragen.

3 Für die Kleidung die Stoffreste wie aus der Abbildung ersichtlich aufkleben. Ein Faltenwurf gibt dem Bild mehr Spannung.

4 Die Kleidung mit Mustern bemalen. Hierfür den roten Stoff der linken Figur in Kadmiumorange, den orangefarbenen Stoff der mittleren Figur in Kadmiumorange, Karminrot und Bordeaux und den grünen Stoff der rechten Figur in Karminrot und Zitrone anmalen.

Variations-Tipps

Alternativ können Sie auch Stoffreste mit schönen Mustern verwenden.

Wenn sie Himmel und Kleidung in Blautönen malen, entsteht eine nächtliche Stimmung.

TEXTIL-COLLAGEN

Love
→ wollige Liebesbotschaft

MOTIVHÖHE
30 cm

MATERIAL
- Keilrahmen, 70 cm x 30 cm
- Acrylfarbe in Hellgrau
- Borstenflachpinsel, ca. 5 mm breit
- Schaumstoffwalze
- Flauschige Wolle in Rottönen (z. B. Sockengarn)
- Vliesstoff von der Rolle, ca. 20 cm x 50 cm
- Acryllack

VORLAGENBOGEN A

1 Den Keilrahmen sowie die Seiten des Rahmens zunächst mit der Walze in Hellgrau grundieren. Trocknen lassen.

2 Den Vliesstoff in unterschiedlich große Stückchen zerschneiden. Dann mit der Walze wenig Acryllack auf die Leinwand auftragen. Die Vliesstücke darauflegen und antrocknen lassen. Nochmals Acryllack auftragen und fest darüberwalzen.

3 Anschließend die Schrift von der Vorlage leicht auf den Keilrahmen übertragen. Den Acryllack mit dem Borstenpinsel etwas dicker auf die Schrift auftragen. Den Faden Stück für Stück auflegen, sofort mit dem Borstenpinsel festtupfen und das Ende abschneiden.

Variations-Tipp

Wenn Sie eine andere Farbe verwenden, bekommt das Bild einen anderen Charakter. Auch Namen eignen sich für die Fadentechnik – mehrere Wörter können Sie einfach auf verschiedene Keilrahmen verteilen.

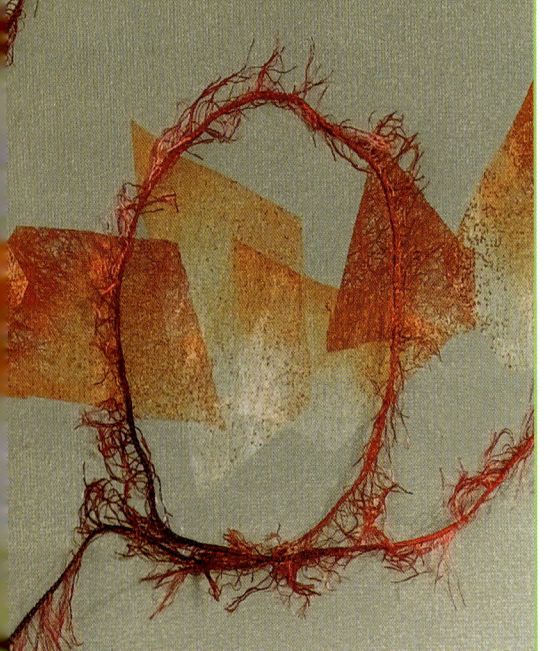

TEXTIL-COLLAGEN

Bücherregal
→ fröhlicher Blickfang

MOTIVHÖHE
50 cm

MATERIAL
- Keilrahmen, 20 cm x 50 cm
- Acrylfarbe in Karminrot, Echtrot, Apricot, Violett, Chromgelb, Laubgrün, Chromoxidgrün, Havannabraun, Beige und Weiß
- Borstenflachpinsel Nr. 4 und 16
- Filzstift in Schwarz
- blumiger Brokatstoff in gedeckten Tönen
- verschiedene Stoffreste
- Spitze in Bronze
- Satinband in Eierschale, 2,4 cm breit, ca. 20 cm lang
- blickdichtes Band in Eierschale, 3 mm breit (für Bücher)

VORLAGENBOGEN B

1 Die Leinwand zunächst in einer Mischung aus Violett und Weiß grundieren. Nach dem Trocknen das Motiv von der Vorlage übertragen.

2 Das Regal und den Tisch in Havannabraun malen. Den Boden mit dem Brokatstoff bekleben, dabei das Regalbein aussparen. Die Stoffreste für die Bücher zuschneiden und im Regal verteilt aufkleben. Die restlichen Bücher in verschiedenen Farben aufmalen. Muster, Streifen und Schriftzüge für die Buchrücken farbig aufmalen. Die Katze in Apricot, ihren Bauch in Chromgelb malen. Unterhalb der Regalböden, oberhalb des obersten Regalbodens sowie teilweise über die Bücher Schatten in Violett legen.

3 Die Fläche des Bildes an der Wand in Beige malen. Aus dem Brokatstoff eine Blüte ausschneiden und aufkleben, rechts davon einen Lichtschein in Weiß andeuten. Den Bilderrahmen in Karminrot und die Ecken in Violett auftragen.

4 Für den Lampenschirm das 2,4 cm breite Satinband in vier Teilen übereinander legen, dabei oben enger zusammennehmen, zurechtschneiden und gut aufkleben. Für den Lampenstiel und die Beine des Tisches das 3 mm breite Band aufkleben. Die Spitze an den Tischrand und auf die Regalkanten kleben.

5 Schließlich einige Bücher, die Katze, die rechten Seiten der Tischbeine sowie den Bilderrahmen mit dem Filzstift in Schwarz konturieren und die Bildaufhängung, das Gesicht der Katze und den Lampenschalter damit zeichnen.

Spar-Tipp
Sie können die Farben auch durch Mischen der Grundfarben erhalten.

Variations-Tipp
Das Bild wirkt ruhiger, wenn Sie es in einem Farbton halten und beispielsweise nur Rottöne verwenden.

TEXTIL-COLLAGEN

Patchwork in Blau
→ lebendiges Mosaik

MOTIVHÖHE
30 cm

MATERIAL
- Keilrahmen, 30 cm x 30 cm
- Acrylfarbe in Cyan, Violett und Weiß
- Borstenflachpinsel Nr. 6 und 16
- verschiedene Stoffreste in Blau-, Violett-, Türkis- und Weißtönen (siehe Punkt 3)
- Band in Blau
- Papiertaschentuch

VORLAGE SEITE 77

1 Zunächst die Flächeneinteilungen von der Vorlage auf die Leinwand übertragen.

2 Anschließend die Felder wie folgt ausmalen:
Nr. 3 und 17: Mittelblau (Cyan mit wenig Weiß mischen)
Nr. 5: Hellblau (Cyan mit viel Weiß mischen)
Nr. 6: Weiß
Nr. 8: Violett (mit dem Pinselrücken waagerechte Streifen in die nasse Farbe kratzen)
Nr. 18 und 22: Hellviolett (Violett mit Weiß mischen)
Nr. 21: Cyan

3 Nun die Stoffreste wie folgt aufkleben:
Nr. 1: Baumwollstoff in Ultramarinblau
Nr. 2: Frotteestoff in Hellrot-Violett
Nr. 4: gemusterter Baumwollstoff in Türkistönen
Nr. 7: Pikeestoff in Blau-Rosa-Hellviolettönen
Nr. 9: Borte in Ultramarinblau
Nr. 10: getreifter Baumwollstoff in Hellblau-Weiß-Dunkelblau
Nr. 11: gekrashter Baumwollstoff in Ultramarinblau
Nr. 12: gerippter, stellenweise in Blau-Türkis bemalter Stoff in Weiß
Nr. 13: Frotteestoff in Blau
Nr. 14: gekrashtes Papiertaschentuch
Nr. 15: Baumwollstoff in Ultramarinblau
Nr. 16: Stoff in Weiß
Nr. 19 und 20: gemusterter Baumwollstoff in Türkistönen

4 In Feld Nr. 18 auf die getrocknete Farbe Kringel in Weiß, in Feld Nr. 22 Streifen in Weiß aufmalen. Hier einen ca. 5 mm breiten Stoffstreifen in Türkis aufkleben.

5 Anschließend das blaue Band in sich drehen und gitterförmig aufkleben.

Künstler-Tipp

Eine schöne Galerie entsteht, wenn Sie mehrere Leinwände in jeweils unterschiedlichen Farbtönen nebeneinander hängen (z. B. in Gelb-, Grün- und Rottönen).

TEXTIL-COLLAGEN

Stubentiger
→ für verschmuste Katzenfreunde

MOTIVHÖHE
60 cm

MATERIAL
- Keilrahmen, 50 cm x 60 cm
- Acrylfarbe in Hautfarbe, Orange, Neapelgelb, Maigrün, Schwarz und Weiß
- Borstenflachpinsel, 5 mm und 5 cm breit
- Rundhaarpinsel Nr. 6
- Vliesstoff von der Rolle, ca. 1 m
- transparenter Dekostoff mit Muster oder dünner Vorhangstoff, ca. 55 cm x 50 cm
- Acryllack

VORLAGENBOGEN B

1 Zunächst eine horizontale Linie auf die Leinwand zeichnen. Anschließend den Vliesstoff für die Wand zuschneiden und den Acryllack mit dem breiten Borstenpinsel auf die Wandfläche aufstreichen. Den Vliesstoff auflegen und nochmals von oben mit Lack bepinseln.

2 Den Fußboden quer mit dem breiten Pinsel in Neapelgelb bemalen. Auch auf den Vliesstoff Pinselstriche in Gelb setzen, um die Farbe dort zu wiederholen. Trocknen lassen.

3 Nun die Katze, die Schattenkonturen und die Anschlaglinie für den Vorhang von der Vorlage übertragen. Die Katze hautfarben grundieren. Mit dem dünnen Borstenpinsel weiße Fellstrukturen in Trockenpinseltechnik aufmalen. Die Innenseite der Ohren, die Nase, die Schatten im Fell sowie die Wurfschatten in Orange gestalten. Die Pupillen in Maigrün einsetzen. Ein wenig der maigrünen Farbe auf den Vorderbeinen und im Brustbereich verstreichen. Trocknen lassen.

4 Acryllack auf die Stelle streichen, an der der Dekostoff für den Vorhang aufgelegt wird. Den Stoff andrücken, nochmals mit dem Lack bestreichen und trocknen lassen.

5 Die Konturen der Katze auf dem Vorhang mit dem dünnen Borstenpinsel in Orange nachziehen. Die Falten des Vorhangs mit verdünntem Orange betonen und einen Schatten auf die Katze malen. Augenkonturen, Nase und Mund mit dem Rundpinsel in Schwarz gestalten. Mit dem breiten Pinsel in Trockentechnik an einigen Stellen Schatten in Schwarz andeuten (vgl. Abbildung). Das Fell der Katze an ihrer linken Seite, an den Ohren, an der Brust sowie die Schnurbarthaare mit etwas Weiß „flauschiger" malen. Glanzpunkte in die Augen setzen.

6 Nach dem Trocknen das gesamte Bild mit Acryllack schützen.

Künstler-Tipp

Das Fell immer in mehreren Schichten von Dunkel nach Hell malen. Manche Stellen sollten dabei durch Schattierungen untereinander verbunden werden. Der Schatten liegt immer auf der gegenüberliegenden Seite der Lichtquelle.

TEXTIL-COLLAGEN

3D-COLLAGEN

Es gibt nahezu keine Materialien, die sich nicht für eine Collage eignen. Ob gefundene Holzstückchen, Kieselsteine, Perlen oder sogar CDs – dreidimensionale Utensilien verleihen den Bildern einen schönen reliefartigen Charakter.

3D-COLLAGEN

Fisch
→ strahlt Ruhe aus

MOTIVHÖHE
60 cm

MATERIAL
- 4 Keilrahmen, je 20 cm x 40 cm
- Malpappe, 30 cm x 40 cm
- Acrylfarbe in Weiß, Lichtem Ocker, Ultramarinblau und Indigoblau
- Holzstücke, Treibholz
- Dekomuscheln
- Quarzsand
- Reliefpaste light, 200 g
- Sisalschnur in Natur
- Blumendraht, ca. 10 cm lang
- Malschwamm
- Akkuschrauber/Bohrmaschine, ø 1 mm und 5 mm
- Schraubstock
- Spachtel
- Tacker und Tackerklammern, ca. 8 mm

VORLAGE SEITE 71

1 Zunächst die Holzstücke so auswählen, dass sie nebeneinander gelegt ungefähr die auf dem Vorlagebogen abgebildete Fischform ergeben. Eine passende Astgabel für den Schwanz und eine Holzscheibe mit einer ausgeprägten Maserung für den Kopf ergänzen. Die Astgabel in den Schraubstock einspannen, sodass das Loch durch das dicke Astteil gebohrt werden kann (vgl. oberstes Schrittfoto). Mit dem kleinen Bohrer vorsichtig vorbohren und das Loch dann mit dem zweiten Bohrer vergrößern. Anschließend wie beschrieben je zwei Löcher durch alle Holzstücke bohren, wobei der Abstand der Löcher zum Stockende jeweils gleich groß sein sollte. Je größer das Holzstück ist, desto größer muss der Abstand zwischen den Löchern sein. Die Holzscheibe für den Kopf ebenfalls mit zwei Bohrlöchern versehen.

2 Jetzt die Sisalschnur wie aus dem obersten Schrittfoto ersichtlich beim „Kopf" beginnend durch die Holzstücke ziehen. Dafür an einem Ende des Blumendrahtes eine kleine Schlinge biegen und mit dem geraden Ende durch das Loch im Holz stoßen. Die Sisalschnur in die Schlinge einlegen, das Drahtende um die Schnur biegen und den Draht mit der Schnur durch das Loch ziehen. Abschließend die Schnur unter dem Kopfteil fest verknüpfen. Für das spätere Aufhängen im Bild jeweils ein Sisalstück am Kopfteil sowie an der Schnur im Bereich der Astgabel befestigen.

3 Die Stoßkanten der vier Keilrahmen auf der Rückseite so zusammentackern, dass in der Mitte eine rechteckige Öffnung bestehen bleibt. Dann die Malpappe über dieser Öffnung festtackern.

4 Die Rahmenkombination wenden und die Stoßkanten der Keilrahmen mit der Reliefpaste verfugen. Trocknen lassen. Mit dem Malschwamm die erste Farbschicht anlegen: Im unteren Bereich Weiß mit wenig Ocker gemischt auftragen, in der Vertiefung Indigoblau auf die Malpappe geben und die übrige Fläche sowie die linke, rechte und obere Kante mit einer Mischung aus Indigoblau und Ultramarinblau bemalen.

5 Die übrige Reliefpaste halbieren und eine Hälfte nach Herstelleranleitung mit einer Mischung aus Indigoblau und Ultramarinblau einfärben. Im unteren Bildbereich die transparente und darüber die blaue Reliefpaste aufspachteln. Nach Belieben Muscheln in die Reliefpaste eindrücken und auf den hellen Strandteil den Quarzsand aufstreuen. Die Reliefpaste trocknen lassen. Mit dem Malschwamm nochmals großzügig Indigoblau und Ultramarinblau wellenförmig auf die übrige Fläche auftragen. Dabei die Farbe auch auf die Erhöhungen der blauen Reliefpaste auftupfen. Wenig Sand auf die entstandenen Farbwellen aufstreuen. Trocknen lassen.

Abstrakt in Rot
→ dynamische Komposition

MOTIVHÖHE
50 cm

MATERIAL
- Keilrahmen, 40 cm x 50 cm
- Acrylfarbe in Weiß, Sand, Elfenbein, Karminrot, Kadmiumrot und Schwarz
- Borstenflachpinsel Nr. 24, 26, 30 und 40
- Aquarellpinsel spitz Nr. 2
- 15 Kieselsteinchen in verschiedenen Größen und Farben
- Leichtstrukturpaste
- Spachtelmasse transparent
- wenig Sand
- dicke Schnur, 65 cm lang
- Metallspachtel

VORLAGENBOGEN A

1 Zunächst die Flächeneinteilung von der Vorlage auf die Leinwand übertragen. Anschließend etwas Sand in einen Teil der Leichtstrukturpaste geben und gut verrühren. Den Keilrahmen im unteren Bereich dick mit der Masse bestreichen, dabei v-förmig nach unten arbeiten. Die Stelle für die Schnur dünn mit der übrig gebliebenen Paste (ohne Sand) bestreichen, die Schnur spiralförmig darauf arrangieren. Erneut vorsichtig bestreichen und etwa 24 Stunden trocknen lassen.

2 Den Hintergrund im oberen Bildteil mit einer Mischung aus Sand und Weiß grundieren.

3 Die gesamte gespachtelte Fläche in Karminrot grundieren, dabei mit dem Pinsel gut in die Vertiefungen malen. Trocknen lassen. Eine zweite Schicht in Kadmiumrot auftragen – hier vor allem die Erhöhungen anmalen und darauf achten, dass die untere Farbschicht stellenweise sichtbar bleibt. Erneut trocknen lassen.

4 Kadmiumrot und Schwarz mischen und mit dieser Farbe eine dritte Schicht auftragen, wobei auch hier vor allem die Erhöhungen angemalt werden und die unteren Schichten durchscheinen sollten. Am Rand etwas Schwarz in die noch nasse Farbe malen. Mit der Mischung aus Kadmiumrot und Schwarz vorsichtig über die Schnur malen und den Strich als Verlängerung nach unten in Elfenbein weitermalen.

5 Den Hintergrund ein zweites Mal nass in nass in Sand und Weiß malen. Die Steine mit der transparenten Strukturpaste bestreichen und anbringen. Liegend fest werden lassen.

Variations-Tipp
Anstatt Kieselsteinchen können Sie auch Glasnuggets oder Keramikscherben aufkleben.

3D-COLLAGEN

Natur
→ mit gesammelten Fundstücken

MOTIVHÖHE
40 cm

MATERIAL
- Keilrahmen, 80 cm x 40 cm
- Acrylfarbe in Weiß, Sand, Umbra gebrannt, Graphit und Schwarz
- Borstenflachpinsel Nr. 24, 26 und 40
- 2 Stückchen Baumrinde
- Feder
- Schneckenhaus
- einige Mühlenbeckia-Zweige (Blumengeschäft)
- 5 Kieselsteine
- Heißkleber

VORLAGENBOGEN B

1 Aus Graphit und Umbra eine dunkle Mischung herstellen und zunächst die zwei unteren Drittel der Leinwand damit grundieren. Die Restfarbe mit Sand aufhellen und das obere Drittel anmalen. Damit ein weicher Übergang entsteht, die nassen Farben ineinander malen.

2 Nach dem Trocknen die Rechtecke von der Vorlage auf die Leinwand übertragen und mit Sand ausmalen. Die Ränder nicht zu genau malen und die Rechtecke jeweils auf der rechten Seite mit Weiß aufhellen. Auch hier rasch arbeiten, damit die Farben noch im nassen Zustand ineinander verstrichen werden können. Erneut trocknen lassen.

3 Nun Schwarz mit sehr wenig Umbra mischen und die Rechtecke mit einigen kräftigen Pinselstrichen stellenweise umranden. Für die Schattierungen am unteren Rand des Bildes sehr wenig Farbe aufnehmen und so lange auf einem Stück Papier abstreifen, bis fast keine Spuren mehr sichtbar sind. Erst dann mit dem fast trockenen Pinsel arbeiten. Nach dem Trocknen auch den oberen Rand des Bildes mit Sand schattieren. Zum Schluss alle Ränder mit einer Mischung aus Sand und Weiß betonen.

4 Anschließend die Collage-Elemente arrangieren und mit Heißkleber befestigen.

Variations-Tipp

Nehmen Sie eine kleine Tüte mit auf Ihren Sonntagsspaziergang und schauen Sie bewusst nach möglichen Fundstücken, die sich in Ihre Collage einarbeiten lassen.

3D-COLLAGEN

Herzen
→ fröhliches Zusammenspiel

MOTIVHÖHE
ca. 96 cm

MATERIAL
- 3 Keilrahmen, je 3,7 cm tief, 30 cm x 30 cm
- Acrylfarbe in Weiß, Echtorange, Weinrot und Cölinblau
- wasserfeste Filzstifte in Rot, Blau, Grün und Schwarz, 1 mm bis 5 mm breit
- 7 halbe Kunststoffherzen, glasklar, ø 10 cm
- Reliefpaste light, 200 g
- Stichsäge, feinstes Sägeblatt
- Spachtel
- Spachtel gezahnt
- 4 Malschwämme
- Klebeband

VORLAGE SEITE 68

1 Die Keilrahmen zunächst im Randbereich mit Bleistift kennzeichnen (spätere Farbgebung notieren), um Verwechslungen zu vermeiden. Die Linien für die Farbkanten von der Vorlage mit Bleistift und Lineal leicht auf die Keilrahmen übertragen. Die Flächen, die später blau werden, mit dem Klebeband abkleben. Dabei das Klebeband auch über die Keilrahmenkanten kleben.

2 Die orangefarbenen und die roten Flächen mit einem Malschwamm möglichst gleichmäßig einfärben. Nach dem Trocknen der Farbe eine zweite Schicht auftragen, diese trocknen lassen und die Klebebänder abziehen. Nun alle bemalten Flächen abkleben und die freien Felder mit einem Malschwamm in Blau einfärben. Auch diesen Vorgang wiederholen.

3 Mit der Stichsäge unter den notwendigen Sicherheitsvorkehrungen ohne Pendelhub die Aufhängevorrichtung der Herzen absägen. Die Säge dazu von beiden Seiten parallel zum Herz ansetzen und bis zum Herzeinschnitt sägen.

4 Die Innenseiten der Herzen mit den wasserfesten Filzstiften freihand gestalten, Musteranregungen sind auf dem Vorlagenbogen. Mit einem Malschwamm vorwiegend Acrylfarbe in Orange, Rot und wenig Blau in die Herzhälften tupfen und dabei immer wieder auf der Herzvorderseite kontrollieren, ob fließende Farbübergänge entstanden sind. Die Farbschicht trocknen lassen und dann mit einem Malschwamm weiße Acrylfarbe deckend in alle Herzinnenseiten tupfen. Trocknen lassen.

5 Die Reliefpaste nach Herstellerangaben mit der blauen Acrylfarbe zu einem möglichst intensiven Farbton mischen. Je ein Drittel der Reliefpaste auf die blauen Keilrahmenflächen auftragen und mit dem gezahnten Spachtel eine Streifenstruktur ziehen. Die Herzhälften in die Reliefpaste eindrücken und möglichst nicht mehr bewegen. Trocknen lassen.

Künstler-Tipp

Je heller die in die Kunststoffherzen aufgetragene Acrylfarbe ist, desto deutlicher sind die Farbtöne der Filzstiftzeichnungen zu erkennen.

3D-COLLAGEN

Blaue Welle
→ macht Lust auf Meer

MOTIVHÖHE
60 cm

MATERIAL
- Keilrahmen, 60 cm x 60 cm
- Acrylfarbe in Weiß, Dunkelblau und Ultramarinblau
- Seidenmalfarbe in dunklem Türkisblau
- Rundhaarpinsel Nr. 18
- breites Malmesser mit schmaler Spitze
- Leichtstrukturpaste
- Styroporkügelchen
- Glaspartikel
- Malschwamm
- Acrylklarlack (Spray)

VORLAGENBOGEN B

1 Zunächst das Motiv von der Vorlage auf den Keilrahmen übertragen. Die Leichtstrukturpaste mit dem Malmesser etwa 1 bis 2 cm dick auf die hell markierten Felder sowie sehr dünn auf die dunkel markierten Flächen auftragen.

2 Die Styroporkügelchen in die entsprechend gekennzeichneten Bereiche (Schaumkronen) auflegen und gut in die noch feuchte Paste eindrücken. Etwa 24 Stunden trocknen lassen. Bei Bedarf kann nach dem Trocknen mit Holzleim nachgeklebt werden.

3 Den Hintergrund mit einem leicht feuchten Schwamm und wenig Dunkelblau, wenig Türkisblau und viel Weiß in waagerechter Bewegung grundieren. Die dunklen Bereiche der Welle mit Dunkelblau, wenig Ultramarinblau und etwas Türkisblau in geschwungener Form ausführen. Die äußeren Bereiche der Welle mit denselben Farben und viel Weiß in entsprechender Bewegung farblich abstimmen. Trocknen lassen.

4 Zum Schluss die Glaspartikel auf die Wellenspitzen streuen und das gesamte Bild mit Acrylklarlack fixieren.

Künstler-Tipp

Für das Auftragen der Farbe im Bereich der Schaumkronen ist ein großer Rundhaarpinsel empfehlenswert, da sich damit die Vertiefungen gut mit Farbe füllen lassen. Um Dynamik in das Bild zu bekommen, immer entsprechend der vorgegebenen Bewegung arbeiten (auch beim Auftragen der Strukturpaste).

Spar-Tipp

Anstatt Leichtstrukturpaste können Sie auch Acryldichtstoff verwenden.

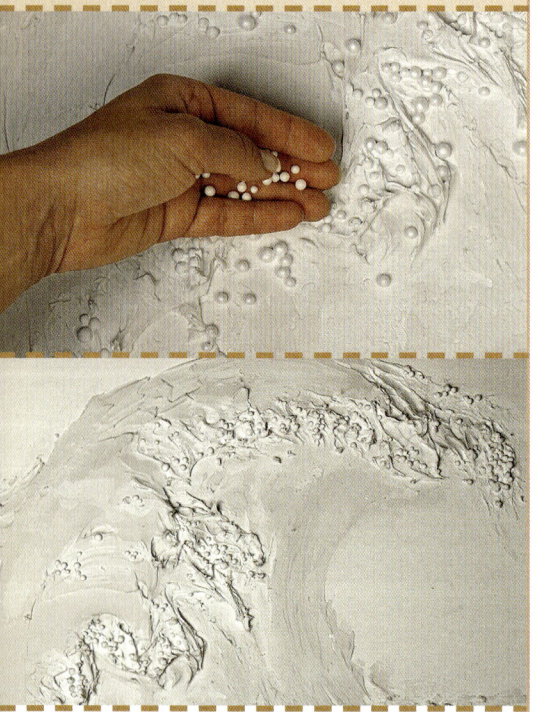

3D-COLLAGEN

Gedeckter Tisch
→ stilvoll im Esszimmer

MOTIVHÖHE
40 cm

MATERIAL
- Keilrahmen, 80 cm x 40 cm
- Acrylfarbe in Weiß, Elfenbein, Farn und Mauve
- Borstenflachpinsel Nr. 14, 16, 20, 30 und 40
- Aquarellstift in Schwarz
- Teller in Weiß, ø ca. 20 cm
- Besteck (Esslöffel, Gabel, Messer)
- Spachtelmasse transparent
- Abdeckband, 3 cm breit
- Metallspachtel

VORLAGENBOGEN B

1 Das mittlere Feld zunächst abkleben, wobei die Ränder des Feldes 17 cm vom linken und 24,5 cm vom rechten Keilrahmenrand entfernt sein sollten. Für die Befestigung des Tellers Leichtstrukturpaste mit Mauve mischen, auf die rechte freie Fläche geben und mit dem Spachtel verstreichen. Jetzt den Teller vorsichtig darauf setzen und leicht andrücken. Im linken freien Feld nur Mauve auftragen. Anschließend die Klebebänder abziehen und über Nacht trocknen lassen.

2 Rechts neben das linke Feld zunächst einen 3 cm breiten Streifen in Elfenbein, rechts davon einen 1 cm breiten Streifen in einer Mischung aus Farn und Weiß, anschließend einen 5 mm breiten Streifen in Mauve und schließlich einen 1,5 cm breiten Streifen in einer Mischung aus Mauve und Weiß auftragen. Links neben dem Feld mit dem Teller einen 1,5 cm breiten Streifen in einer Mischung aus Farn und Weiß und links daneben einen 1 cm breiten Streifen in Mauve aufmalen.

3 Nach dem Trocknen das mittlere Feld in einer Mischung aus Elfenbein und Weiß grundieren und stellenweise mit Farn schattieren. Die Motive von der Vorlage auf die Leinwand übertragen und in Mauve, einer helleren und einer dunkleren Mischung aus Mauve und Weiß sowie einer Mischung aus Farn und Weiß ausmalen. Nach dem Trocknen den Bereich um die Motive mit Weiß aufhellen. Die Konturen mit dem schwarzen Aquarellstift nachzeichnen. Die Ränder des Bildes mit der helleren Mauve-Mischung und einem fast trockenen Pinsel betonen.

4 Anschließend die Auflagefläche des Bestecks dick mit der Spachtelmasse bestreichen und dieses vorsichtig anbringen. Über Nacht liegend fest werden lassen.

Künstler-Tipp

Transparente Spachtelmasse ist im Handel unter verschiedenen Bezeichnungen erhältlich. Fragen Sie einfach nach, welche sich am besten zum Befestigen des Collage-Materials eignet.

3D-COLLAGEN

Perlen
→ edel und dekorativ

MOTIVHÖHE
ca. 95 cm

MATERIAL
- 3 Keilrahmen, je 24 cm x 30 cm
- 3 Malpappen, je 18 cm x 24 cm
- Acrylfarbe in Indigoblau
- Universalmalfarbe metallic in Perlmutt, Silber, Grün und Blau
- Borstenflachpinsel Nr. 16
- ca. 200 Wachsperlen in Perlmutt, Silber, Graublau, Türkis, Braun und Schwarz, ø 3 mm bis 8 mm
- Aludraht, ø 1 mm, ca. 2,70 lang
- Seitenschneider

1 Zunächst die Keilrahmen in Indigoblau grundieren. Für eine homogene Farbfläche nach dem Trocknen eine weitere Farbschicht auftragen.

2 Die grüne und die blaue Universalmalfarbe mit Perlmutt zu einem hellen Türkis mischen und die gesamte Fläche mit dem Pinsel lasierend in ungefähr 3 cm breiten Streifen in einer Strichrichtung auf die Malpappen auftragen. Trocknen lassen.

3 Alle Perlen in wechselnder Größe und Farbe auf den Aludraht aufreihen. Danach den Draht zwischen den Perlen zu kleinen Schleifen biegen (vgl. oberes Schrittfoto). Zum Befestigen des Perlendrahtes jeweils das eine Ende über den Rand der Malpappe biegen, den Perlendraht in die gewünschte Form bringen und am unteren Ende mit einem Seitenschneider abzwicken. So viele Perlen entfernen, dass genügend Draht frei wird, um auch dieses Drahtende auf die Rückseite der Malpappe biegen zu können. Die Drahtenden auf der Rückseite gegebenenfalls mit kleinen Klebefilmstückchen befestigen.

4 Die Malpappen mit dem Bastelkleber mittig auf die Keilrahmen kleben.

Künstler-Tipp

Der Perlendraht ist durch die kleinen Drahtschleifen auch nach dem Befestigen auf der Rückseite dehn- und formbar. Nutzen Sie das, um gleichmäßige Schleifen oder Kurven hinzubiegen.

3D-COLLAGEN

Ornamentik
→ orientalisch

MOTIVHÖHE
60 cm

MATERIAL
- Keilrahmen, 60 cm x 40 cm
- Acrylfarbe in Weiß, Lichtem Ocker und Terra de Siena gebrannt
- 14 CD-Rohlinge oder alte CDs
- wasserfester Filzstift
- Wattestäbchen
- Malschwamm
- Naturschwamm
- Stichsäge mit feinem Sägeblatt
- Kontaktkleber

1 Den Keilrahmen zunächst in einer Mischung aus wenig Ocker, Braun und viel Weiß grundieren. Trocknen lassen. Mit dem Naturschwamm etwas Braun aufnehmen und damit die Leinwand von innen nach außen betupfen.

2 Dannach die unbeschriftete Seite der CDs nacheinander mit dem Malschwamm und den Acrylfarben gestalten. Dafür eine Mischung aus Ocker und Weiß sowie unverdünnten Ocker und Braun auftragen. Aus der noch feuchten Farbe mit Wattestäbchen Spiralen, Punkte und Schlangenlinien herausarbeiten. Alles gut trocknen lassen.

3 Mit einem wasserfesten Filzstift und einem Lineal auf der Rückseite der CDs jeweils eine die CD halbierende Schnittlinie aufzeichnen. Insgesamt acht CDs mit der Stichsäge unter den notwendigen Sicherheitsvorkehrungen ohne Pendelhub zersägen und drei CDs bis knapp über das Loch in der Mitte hinweg einsägen. Am besten geht das, wenn man die CDs auf eine Unterlage mit Schlitz, wie beispielsweise einen Gartentisch aus Holzlatten, legt und den Abstand zwischen den Brettern als Führungsschiene für das Sägeblatt nutzt.

4 Wie aus der Abbildung ersichtlich die restlichen drei intakten CDs in die drei CDs mit Schlitz einschieben. Die halbierten CDs mit Kontaktkleber entlang der Längskanten und dann überlappend an der Ober- und Unterkante der Keilrahmenfläche befestigen. Die Stellen der dreidimensionalen CD-Kombinationen, die die Leinwand berühren, mit Kontaktkleber versehen, trocknen lassen und die Kombination möglichst mittig auf der Leinwand befestigen, indem die Klebeflächen mit Druck aneinander gepresst werden.

5 Den Schattenfugenrahmen wie in der Anleitung auf Seite 80 fertigen, in Braun anmalen und den Keilrahmen passgenau in den Rahmen einkleben.

Künstler-Tipp

Gestalten Sie gleich ein paar Ersatz-CDs farblich aus, da das Halbieren mit der Stichsäge etwas Übung erfordert und es durchaus vorkommen kann, dass dabei kleine Stückchen abbrechen.

3D-COLLAGEN

MATERIALMIX

Das Zusammenspiel verschiedenartiger Materialien macht eine Collage besonders reizvoll. Gut kombiniert und auf der Leinwand arrangiert fügen sich Zweige, Weinblätter, Kronkorken, Postkarten, Schneckenhäuser und Stoffreste zu einem harmonischen Ganzen zusammen.

Meeresbrise

→ Unterwasserwelt zu Hause

1 Den Keilrahmen zunächst von links nach rechts in 16 cm, 8 cm, 6 cm, 21 cm und 29 cm breite Felder einteilen. Die zwei schmalsten Felder in einer Mischung aus Umbra und Schwarz grundieren. Nach dem Trocknen Krakelier-Lack auf das 6 cm breite Feld auftragen und trocken föhnen. Eine Mischung aus Cölinblau und Weiß auftragen und erneut föhnen, bis sich Risse bilden. Ganz links ins Feld eine dicke Schicht Leichtstrukturpaste geben, Sand darüberstreuen und mit dem Spachtel verstreichen. Über Nacht fest werden lassen.

2 Die Fischformen von der Vorlage auf die Wellpappe übertragen und ausschneiden. Das unterste Stück in einer Mischung aus Umbra und Schwarz grundieren. Nach dem Trocknen mit Heißkleber auf dem rechten Feld der Leinwand anbringen.

3 Jetzt die noch freien Felder nass in nass in Weiß, Cölinblau und Kobaltblau anmalen. Sehr wenig Sand darüberstreuen und diesen gut mit der Farbe vermischen. Nach dem Trocknen das linke Feld in Cölinblau übermalen, dabei stellenweise die untere Farbschicht durchscheinen lassen.

4 Die Schrift von der Vorlage auf die Leinwand übertragen, mit reichlich Weiß nachmalen, auch hier etwas Sand einstreuen und mit Neapelgelb Akzente setzen. Das obere und mittlere Wellpappenstück mit Weiß, Kobaltblau, Cölinblau und wenig Neapelgelb betonen, dafür teilweise nur über die Erhöhungen malen. Bei dem unteren Stück ebenso verfahren, hier jedoch nur Weiß, Cölinblau und eine Mischung aus beiden Farben verwenden. Die untere Farbschicht sollte auch hier sichtbar bleiben.

5 Die einzelnen Buchstaben mit einem fast trockenen Pinsel in Kobaltblau und sehr wenig Schwarz sowie Maigrün betonen. Zwischen der oberen und mittleren Welle eine weitere Welle in Maigrün andeuten. Das rechte Feld mit einer hellen Mischung aus Cölinblau und Weiß, einer Mischung aus Maigrün und Weiß sowie mit Kobaltblau, Schwarz und Weiß schattieren. Das Feld zwischen dem Krakelier-Lack und den Seesternen ebenfalls mit einer Mischung aus Maigrün und Weiß sowie einer Mischung aus Kobaltbau und Weiß schattieren.

6 Anschließend die Seesterne mit Heißkleber anbringen und leicht mit Weiß übermalen. Das linke Feld mit Kobaltblau und Schwarz schattieren.

MOTIVHÖHE
40 cm

MATERIAL
- Keilrahmen, 80 cm x 40 cm
- Acrylfarbe in Weiß, Neapelgelb, Maigrün, Cölinblau, Kobaltblau, Umbra gebrannt und Schwarz
- Borstenflachpinsel Nr. 20, 24, 26, 30 und 40
- Wellpappe in Türkis, 16 cm x 24 cm
- 4 getrocknete Seesterne
- Sand
- Leichtstrukturpaste
- Krakelier-Lack
- Metallspachtel
- Heißkleber
- Föhn

VORLAGENBOGEN B

MOTIVHÖHE
50 cm

MATERIAL
- Keilrahmen, 50 cm x 50 cm
- Acrylfarbe in Olivgrün, Permanentgrün, Laubgrün, Oxydbraun, Oxydrot und Brilliantocker hell
- Borstenflachpinsel Nr. 6 und 10
- Rundhaarpinsel Nr. 2
- Malmesser
- natürliche Weinblätter mit und ohne Ast
- Naturblätter mit und ohne Ast
- unterschiedlich große Schneckenhäuser
- Metallicfolie in Kupfer
- Metallicfolienkleber
- Blattgold
- Anlegemilch
- Leichtstrukturpaste
- Modellierspachtel
- Malschwamm
- Holzleim
- Acrylklarlack in Seidenmatt
- Föhn
- Schere

Blätterwald
→ Herbststimmung

1 Zunächst den Ast auswählen und der Höhe entsprechend zuschneiden.

2 Danach die Strukturpaste mit dem Malmesser und dem Spachtel etwa 5 mm dick auf den Keilrahmen auftragen. Die beiden unteren Blätter vom Ast abtrennen. Den restlichen Teil und ein einzelnes großes Blatt auf den entsprechenden Stellen platzieren und eindrücken. Anschließend leicht mit der Paste überstreichen und mit dem Föhn in etwa fünf Minuten trocknen. Die beiden abgetrennten Blätter wieder an die ursprüngliche Stelle legen, vorsichtig hineindrücken und sofort wieder abziehen. Etwa 24 Stunden trocknen lassen.

3 Das ganze Bild mit Acrylklarlack überstreichen und trocknen lassen.

4 Nun die gesamte Leinwand mit einem leicht feuchten Schwamm in etwas Olivgrün, Permanentgrün und Ocker grundieren. Dann die Blätter in Laubgrün, etwas Oxydbraun, Oxydrot und Ocker verdünnt mit Wasser ausarbeiten und nach Belieben unterschiedliche Farbakzente setzen. Wiederholt mit Acrylklarlack versiegeln und trocknen lassen.

5 Die Schneckenhäuser mit Anlegemilch bestreichen. Trocknen lassen und mit dem Borstenpinsel das Blattgold darauf anlegen. Die Schnecken mit Holzleim auf der Leinwand fixieren.

6 Abschließend den Folienkleber auf einige Blattkonturen auftragen, trocknen lassen und Metallicfolie aufsetzen.

Variations-Tipp

Sie können die unterschiedlichsten Naturmaterialien wie Holzrinde oder Islandmoos in die Collage einarbeiten. Anstatt Naturblätter können Sie auch Blätter aus Kunstmaterialien verwenden.

Künstler-Tipp

Zum Auftragen der Strukturpaste können Sie auch einen Haushaltsschwamm verwenden. Mit der rauhen Seite lassen sich Struktur und Farben schön herausarbeiten.

MATERIALMIX

MOTIVHÖHE
90 cm

MATERIAL
- Keilrahmen, 30 cm x 90 cm
- Acylfarbe in Karminrot, Magenta, Echtrot, Violett, Dunkelgrün, Ultramarinblau, Türkis und Weiß
- Pastellkreide in Hellblau, Mittelblau, Dunkelblau und Apricot
- Kohle
- Grafitstift
- Borstenflachpinsel Nr. 6, 16 und 20
- Ansichtskarte
- ausgerissene Vorderseite einer Gebäckschachtel
- Etikett einer Tomatendose
- Etikett einer Wasserflasche
- Etikett eines Sardellenfiletglases
- grob ausgeschnittene Vorderseite einer Espressoverpackung
- Bild von grüner Pasta (hier aus einem Prospekt)
- Schwarz-Weiß-Kopie einer Abbildung des Schiefen Turms von Pisa
- handgeschriebenes Pastarezept, in Grafit auf weißem Papier, ca. A5
- 7 lange Spaghetti
- 6 Peperoncini
- getrockneter Oregano

VORLAGENBOGEN A

Italien
→ schöne Urlaubserinnerung

1 Zunächst die Leinwand im linken Teil von oben nach unten nass in nass in Magenta über Karminrot nach Rosa (Mischung aus Magenta und Weiß) und ganz unten in Ultramarinblau grundieren. Nach dem Trocknen die obere Hälfte horizontal von Magenta über Apricot nach Violett malen. Auf der rechten Seite von oben nach unten nass in nass einen Farbverlauf von Violett über Dunkelgrün, Türkis, Helltürkis (Mischung aus Türkis und Weiß) und Hellblau (Mischung aus Ultramarinblau und Weiß) nach Weiß (hier gleich etwas Oregano einstreuen) und Rosa auftragen. In der senkrechten Mitte stoßen die Farben hart auf den Verlauf im linken Bildteil.

2 Nun das Motiv von der Vorlage auf die Leinwand übertragen und alle Collage-Materialien, bis auf die Spaghetti und die Peperoncini, auf die Leinwand kleben. Die Postkarte und die Etiketten farblich mit dem Hintergrund verbinden. Die Kopie des Schiefen Turms sowie das Pastarezept lasierend in Magenta übermalen. Die Bögen des Turms locker mit Kohle nachzeichnen, die durch das Lasieren leicht verwischte Handschrift mit Pastellkreide in Apricot wieder etwas hervorheben. Die Tomate in Echtrot – hier sind sicher einige Farbaufträge nötig – und die Stiele in Dunkelgrün betonen.

3 Die Schriftzüge auftragen: „Rom" in apricotfarbener, „Pisa" und „Ferie belle" in hellblauer, „Ricordi" in mittelblauer und „Buon Appetito" in dunkelblauer Pastellkreide sowie „Tanti Saluti della Toscana" mit Kohle. Rechts des Schriftzuges „Pisa" einige Spritzer in Weiß aufbringen (mäßig wässrige Farbe auf den Pinsel geben – vorher auf einem Papier ausprobieren). Schließlich die Spaghettis und Peperoncini aufkleben.

Variations-Tipp

Erinnerungsstücke gibt es natürlich aus jedem Urlaubsland und so können Sie sich nach und nach eine kleine Urlaubsgalerie schaffen.

MATERIALMIX

Weiße Baumlandschaft
→ zarte Natur

MOTIVHÖHE
20 cm

MATERIAL
- Keilrahmen, 50 cm x 20 cm
- Acrylfarbe in Cyan, Dunkelblau, Violett, Dunkelgrün und Weiß
- Borstenflachpinsel Nr. 6 und 18
- dürre Zweige
- dünnes Papier (z. B. Seidenpapier) in Maigrün

1 Zuerst den Himmel nass in nass im Farbverlauf von Dunkelblau über Cyan bis zum weißen Horizont malen. Mit einem zweiten Farbauftrag erreicht man eine bessere Deckung. Im unteren Teil des Bildes einen Farbverlauf von Violett nach Weiß malen.

2 Die Zweige weiß anmalen, gut trocknen lassen und wie aus der Abbildung ersichtlich aufkleben. Aus dem grünen Papier Stückchen ausreißen, zerknittern und aufkleben. Dunkelgrüne Schatten in die Baumkronen tupfen.

In Blumengeschäften bekommt man häufig schönes Einwickelpapier, das sich gut für die Gestaltung der Baumkronen eignet.

MATERIALMIX

Schwarz - Weiß - Rot
→ facettenreiche Komposition

MOTIVHÖHE
40 cm

MATERIAL
- Keilrahmen, 40 cm x 40 cm
- Acrylfarbe in Karminrot, Zinnober, Orange, Schwarz und Weiß
- Borstenflachpinsel Nr. 6 und 16
- Stoffrest in Schwarz-Weiß
- Zeitungspapier
- durchsichtiges Band in Weiß, 2,4 cm breit
- glänzendes Ringelband in Schwarz, 5 mm breit
- Kunststofffolie in Weiß
- Lochfolie
- Schaumgummi in Dunkelgrau, 4 cm x 7,5 cm und 3 cm x 3 cm
- Ausschnitt einer Eintrittskarte in Schwarz-Weiß
- Papiertaschentuch
- Kronkorken
- Flaschenkorken
- schwarzer Sand
- Reis
- Zucker
- Kaffeebohnen
- Verschlussstreifen für Gefrierbeutel

VORLAGE SEITE 79

1 Zunächst das Motiv auf die Leinwand übertragen und anschließend die Felder wie folgt gestalten (die nummerierte Flächenskizze ist auf Seite 79 abgebildet):

Nr. 1: In Dunkelgrau malen (alle Grautöne werden aus Schwarz und Weiß gemischt) und Reis in den noch nassen Farbauftrag mischen.
Nr. 2: In Schwarz malen.
Nr. 3: Die in Dunkelgrau angemalte Lochfolie überlappend aufkleben.
Nr. 4: Stoffrest in Schwarz-Weiß aufkleben.
Nr. 5: Zeitungsausschnitt aufkleben.
Nr. 6: Mit weißer Kunststofffolie bekleben.
Nr. 7: Ein Papiertaschentuch in hellgrau gefärbtes Wasser tauchen, in gekrashtem Zustand trocknen lassen und aufkleben.
Nr. 8: In Mittelgrau malen und schwarzen Sand in die nasse Farbe streuen.
Nr. 9: Die Verschlussstreifen aufkleben.
Nr. 10: Das weiße Geschenkband überlappend aufkleben.
Nr. 11: In Hellgrau malen und mit dem Pinselrücken senkrechte Linien in die nasse Farbe kratzen.
Nr. 12: Den Ausschnitt einer Eintrittskarte aufkleben.
Nr. 13: In Hellgrau malen und Zucker in die nasse Farbe streuen.
Nr. 14: Schaumgummi in der Größe von 4 cm x 7,5 cm aufkleben.
Nr. 15: In Weiß malen und Kaffeebohnen auf die getrocknete Fläche kleben.
Nr. 16: Schaumgummi in der Größe von 3 cm x 3 cm in Orange anmalen, trocknen lassen und aufkleben.
Nr. 17: Einen Kronkorken in Zinnober anmalen, trocknen lassen und aufkleben.
Nr. 18: Den Flaschenkorken waagerecht durchschneiden, in Karminrot anmalen, trocknen lassen und aufkleben.
Nr. 19: Das schwarze Ringelband aufkleben (vorher über die Kante einer Schere ziehen, damit es sich ringelt). Dabei sollte das Band stellenweise vom Bild abstehen.

MATERIALMIX

Welcome
→ schön im Eingangsbereich

MOTIVHÖHE
40 cm

MATERIAL
- Keilrahmen, 50 cm x 40 cm
- Acrylfarbe in Ultramarinblau, Gelbgrün, Chromgelb und Karminrot
- wasserfeste Filzstifte in Rot und Grün
- Pastellkreide in Violett
- Katzenzungenpinsel, Borste, Nr. 6 und 16
- Zeitungspapier
- Pappschachtel, 5 cm x 12 cm x 3,5 cm
- Pappschachtel, 6,5 cm x 22 cm x 4 cm
- Pappschachtel, 9 cm x 12 cm x 4 cm
- Pappschachtel, 5 cm x 15,5 cm x 2 cm
- Pappschachtel, 5,5 cm x 10 cm x 5,5 cm
- Stoffreste in Dunkelrot, Violett, Gelbgrün und Rotviolett
- 5 farblich passende Knöpfe
- 3 hölzerne Schaschlikspieße
- Mallappen in Rottönen
- Pastellfixativ

VORLAGENBOGEN B

1 Die Leinwand zunächst komplett mit Zeitungspapier bekleben. Am schönsten ist es, wenn die Zeitung nicht ganz flächig geklebt wird, damit beim Bemalen leichte Strukturen und Unebenheiten entstehen.

2 Nun den Schriftzug von der Vorlage auf die Leinwand übertragen. Die Leinwand in Ultramarinblau malen, dabei den Schriftzug aussparen. In einem zweiten Arbeitsgang die Farbe so auftragen, dass der Zeitungscharakter leicht sichtbar bleibt.

3 Die Pappschachteln jeweils in Chromgelb, Gelbgrün, Karminrot, hellem Gelbgrün (Mischung aus Chromgelb und Gelbgrün) und Orange (Mischung aus Chromgelb und Karminrot) anmalen. Auf die trockene Farbe der Schachtel Nr. 1 mit rotem Fasermaler senkrechte Linien zeichnen. Auf Schachtel Nr. 3 Punkte in violettfarbener Pastellkreide malen und mit Pastellfixativ gut fixieren. Auf Schachtel Nr. 4 mit grünem Fasermaler waagerechte Streifen auftragen.

4 Das restliche Motiv auf die Leinwand übertragen. Die Blätter gut deckend in Gelbgrün malen. Die Schaschlikspieße in Dunkelgrün (Mischung aus Ultramarinblau und Gelbgrün) anmalen und aufkleben.

5 Nun die Blüten gestalten:
Nr. 1: 6 Stoffstreifen in Dunkelrot und einer Größe von ca 5,5 cm x 1,5 cm zuschneiden und faltig aufkleben.
Nr. 2: 6 ellipsenförmige Blütenblätter aus violettfarbenem Stoff in einer Größe von ca. 7 cm x 2 cm ausschneiden und aufkleben.
Nr. 3: 7 Stoffstreifen in Gelbgrün ausschneiden (ca. 2 cm breit und 2,5 bis 5 cm lang) und aufkleben.
Nr. 4: Aus alten Malllappen in Rottönen insgesamt 3 Halbkreise in 5 cm Breite ausschneiden. An der geraden Seite je zweimal einschneiden und zur Blütenmitte hin gerafft aufkleben. Die Blütenblätter sollten nicht flächig aufliegen, sondern etwas von der Leinwand abstehen.
Nr. 5: 5 Blütenblätter aus Stoff in Rotviolett in breiter Ellipsenform ausschneiden und aufkleben.

6 Zum Schluß die Knöpfe in die Blütenmitten kleben.

Variations-Tipp

Sie können zu den geklebten Blüten auch echte Blumen arrangieren: Stellen Sie einzelne Blumen in leichten Glasphiolen in die Schachteln.

MATERIALMIX

HINWEIS

Einige Vorlagen hier im Buch wurden verkleinert. Diese Vorlagen bitte einfach mit dem angegebenen Vergrößerungsfaktor im Kopiergeschäft kopieren und dann diese Kopien wie normale Vorlagen nutzen.

Herzen
SEITE 47
bitte auf 133% vergrößern

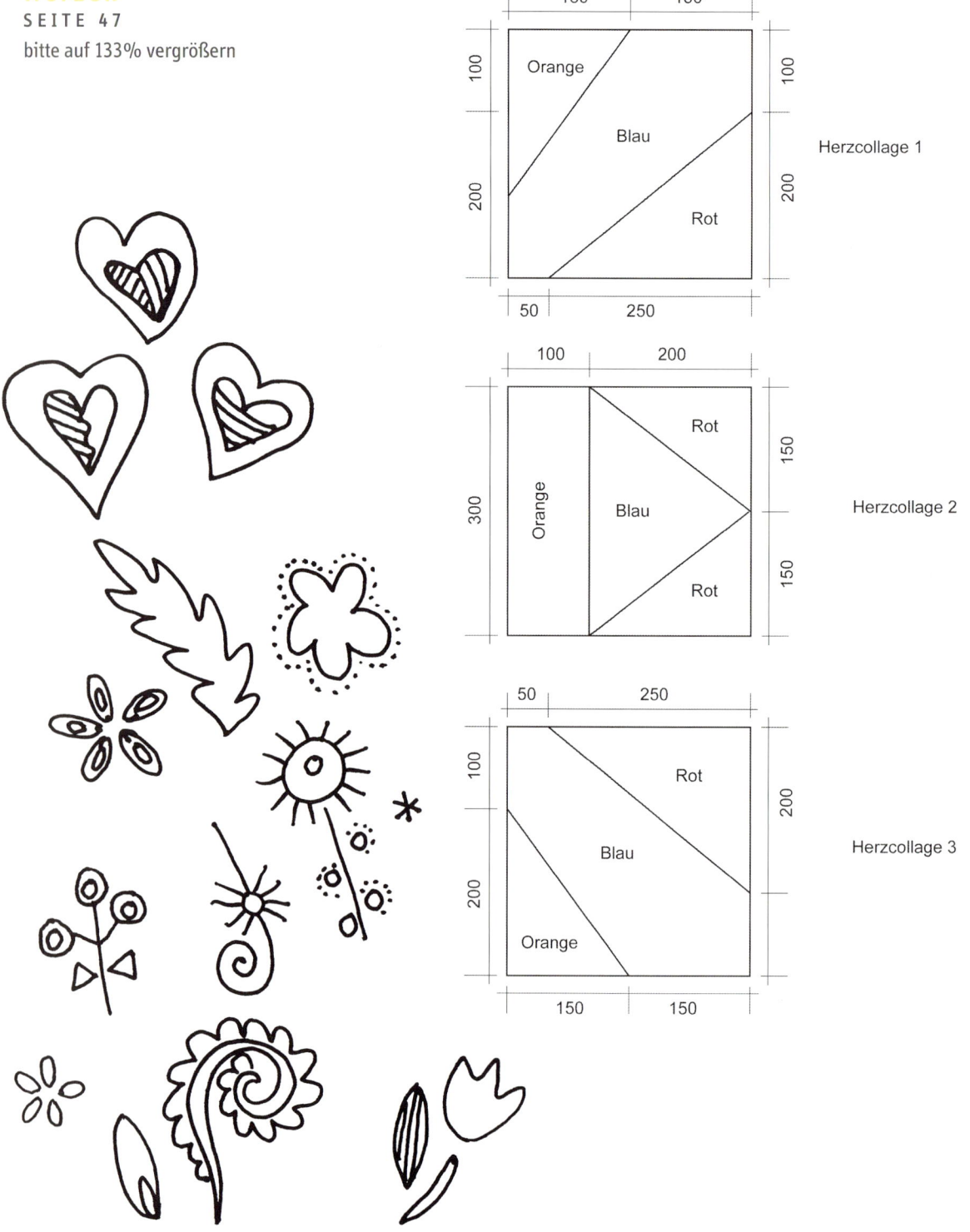

Papierschiffchen
SEITE 17

Möwen
SEITE 23

Sitzende Möwe bitte auf 200% vergrößern

Möwe bitte auf 133% vergrößern

Fisch
SEITE 40   bitte auf 133% vergrößern

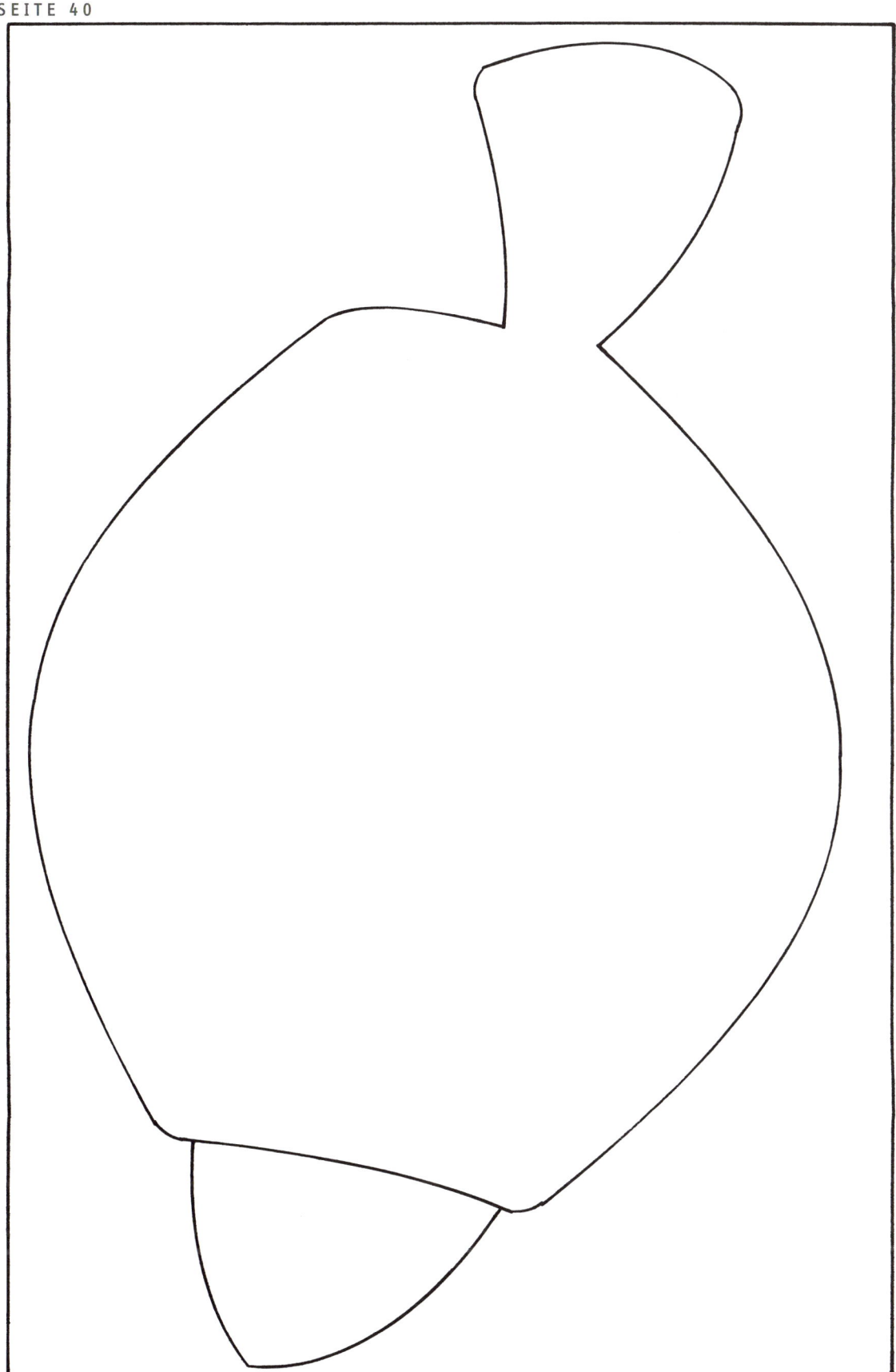

Blaue Korallen
SEITE 27
bitte auf 200% vergrößern

VORLAGEN

Blaue Korallen
SEITE 27
bitte auf 200% vergrößern

73

Sonntagsfrühstück
SEITE 19
bitte auf 150% vergrößern

Sonntagsfrühstück
SEITE 19
bitte auf 133% vergrößern

Sonntagsfrühstück bitte auf 150% vergrößern
SEITE 19

bitte auf 150% vergrößern

Mops mit Schleife
SEITE 24

bitte auf 182% vergrößern

Patchwork in Blau
SEITE 37
bitte auf 182% vergrößern

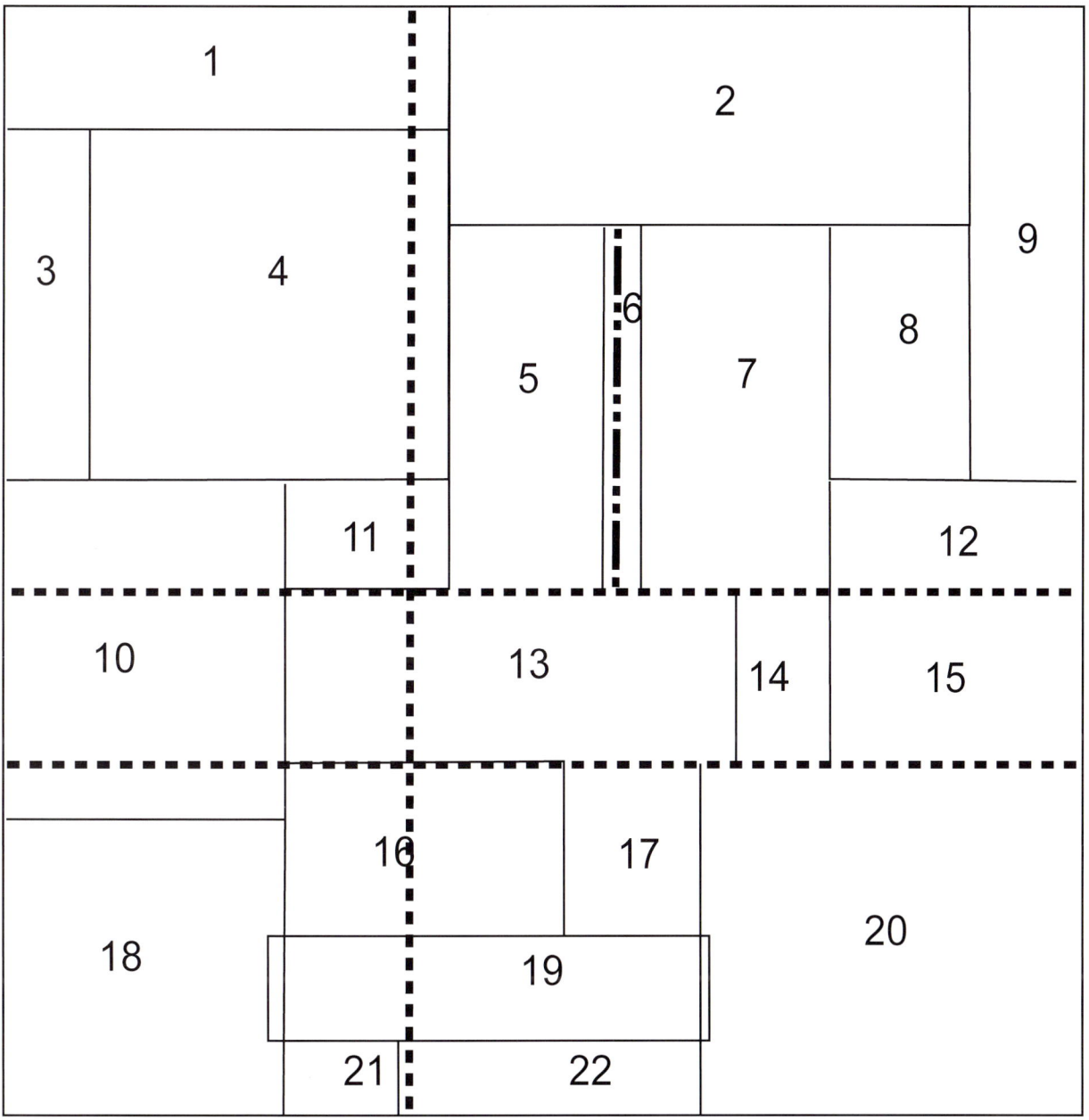

77

Notenschlüssel
SEITE 11
bitte auf 167% vergrößern

Herz in Pastell
SEITE 29
bitte auf 300% vergrößern

Schwarz - Weiß - Rot
SEITE 65
bitte auf 182% vergrößern

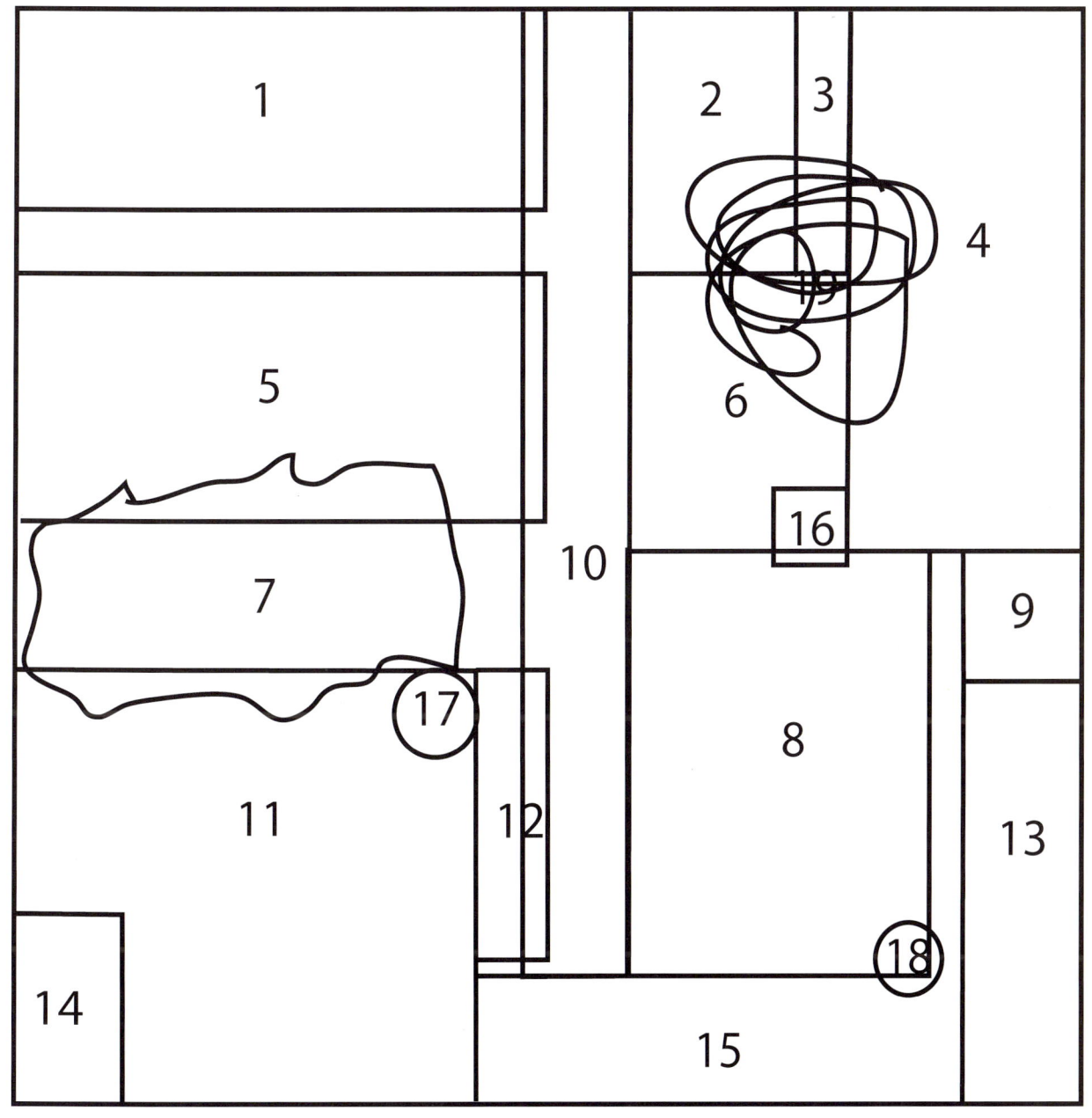

MATERIAL
- Holzwinkelleisten
- gerade Feinsäge
- Karton
- Handtacker
- Holzleim
- Acrylfarben

Schattenfugenrahmen bauen

Besonders Bilder in modernem Stil wirken gut, wenn sie mit einem Schattenfugenrahmen eingefasst sind. Er lässt den bespannten Keilrahmen als solchen sichtbar. Profile für Schattenfugenrahmen gibt es fertig zu kaufen, doch es reichen auch Holzwinkelleisten (Eckschutzleisten) aus dem Holzfach- oder Baumarkt. Das gezeigte Beispiel ist damit entstanden. Für 2 cm tiefe Keilrahmen sind 2,5 cm x 2,5 cm starke Leisten eine gute Wahl.

1 Die Winkelleisten auf die erforderlichen Maße auf Gehrung (45 Grad) zusägen: Die Bildhöhe plus 2 cm ergibt das Maß für die beiden senkrechten Winkelleisten. Die Bildbreite plus 2 cm ergibt das Maß für die beiden waagerechten Leisten. So ergibt sich später rundherum eine Schattenfuge von ca. 5 mm. Wer eine breitere Fuge wünscht – bis 1 cm ist üblich – gibt zu der Bildhöhe und -breite bis zu 4 cm zu (abhängig von der Breite der Winkelleisten).

2 Ein Kartonstück zum Schutz des Tisches unter die Ecken legen und die Leisten bündig zusammenfügen. Mit Tackerklammern gegen das Verrutschen sichern. Die Fugen mit Holzleim bestreichen und trocknen lassen. Nach dem Trocknen können die Tackerklammern wieder entfernt werden.

3 Die fertigen Schattenfugenrahmen mit zum Bild passenden Acrylfarben innen und außen bemalen. Beispiele dazu sind auf den Seiten 11 und 55 zu sehen.

HILFESTELLUNG ZU ALLEN FRAGEN, DIE MATERIALIEN UND KREATIVBÜCHER BETREFFEN: FRAU ERIKA NOLL BERÄT SIE. RUFEN SIE AN: 05052/911858*   *normale Telefongebühren

DIESES BUCH ENTHÄLT 1 VORLAGENBOGEN.

IMPRESSUM

MODELLE: Katrin Freudenberger (S. 12/13, 20/21, 24/25, 30/31, 34/35, 36/37, 60/61, 62/63, 64/65, 66/67); Gisela Heim (S. 10/11, 16/17, 22/23, 26/27, 40/41, 46/47, 52/53, 54/55); Monika Reiter-Zinnau (S. 32/33, 38/39); Alice Rögele (S. 8/9, 14/15, 18/19, 42/43, 44/45, 50/51, 56/57); Birgit Schulz (S. 28/29, 48/49 und 58/59)

FOTOS: frechverlag GmbH, 70499 Stuttgart; Gisela Heim (S. 10, 16, 22, 26, 41, 46, 52, 54); Katrin Freudenberger (S. 12, 20, 25, 30, 34, 36, 60, 62, 64, 66); Alice Rögele (S. 9, 14, 18, 42, 44, 50, 57); Foto-Messlin, Bansin (S. 28, 48, 58); Fotostudio Ullrich & Co., Renningen (restliche Fotos)

LAYOUT: WS – WerbeService Linke, Karlsruhe

DRUCK UND BINDUNG: Finidr s.r.o., Cesky Tesin, Tschechische Republik

Materialangaben und Arbeitshinweise in diesem Buch wurden von den Autorinnen und den Mitarbeitern des Verlags sorgfältig geprüft. Eine Garantie wird jedoch nicht übernommen. Autorinnen und Verlag können für eventuell auftretende Fehler oder Schäden nicht haftbar gemacht werden. Das Werk und die darin gezeigten Modelle sind urheberrechtlich geschützt. Die Vervielfältigung und Verbreitung ist, außer für private, nicht kommerzielle Zwecke, untersagt und wird zivil- und strafrechtlich verfolgt. Dies gilt insbesondere für eine Verbreitung des Werkes durch Fotokopien, Film, Funk und Fernsehen, elektronische Medien und Internet sowie für eine gewerbliche Nutzung der gezeigten Modelle. Bei Verwendung im Unterricht und in Kursen ist auf dieses Buch hinzuweisen.

Auflage: 5. 4. 3. 2. 1.
Jahr: 2011 2010 2009 2008 2007 [Letzte Zahlen maßgebend]

© 2007 frechverlag GmbH, 70499 Stuttgart

ISBN 978-3-7724-5281-9
Best.-Nr. 5281